Lombardia

Calabria

Sicilia

Veneto

イタリア語で読む
ITALIA
堂浦律子　アレッサンドロ・マヴィリオ

Umbria

Abruzzo

Marche

Toscana

Campania

Piemonte

Molise

Basilicata

Liguria

Lazio

Sardegna

Puglia

Friuli-Venezia Giulia

白水社

Trentino-Alto Adige

Emilia-Romagna

Valle d'Aosta

協　力　　井上昭彦

装丁・本文組　　細野綾子
写　真　　Pixabay　Unsplash

各章扉に記載した面積・人口は、イタリア ISTAT（政府中央統計局）の 2022 年 1 月 1 日現在のデータを使用しました。

はじめに

　「イタリア語で読む」。このことによって、日本語による知識や情報の蓄積とはまた別の、イタリアに対する新たなアプローチが生まれます。また、ひととおり初級文法を習得した方は、少し長めのイタリア語のテキストを読むことで、語彙力・読解力が飛躍的にアップします。

　本書では、個性豊かで魅力あふれるイタリア全20州、および国内にあるサンマリノ共和国とヴァティカン市国について、イタリア語で読んでいきます。「イタリアという国」という2章を加え、全24章の構成です。20州の章立ては、地理的に北から順になっています。順番どおり進めてもいいし、興味のある州から始めてもかまいません。各章の内容は以下のとおりです。

章　扉	地図、人口と面積のデータ、紹介文で州の全体像を把握します。
イタリア語テキスト	文化や社会、観光、歴史などさまざまなトピックについて、会話や叙述の形式で話が展開していきます。特徴は「概説ではない」ということ。コロナ禍やSDGsなど、この数年に浮上した問題や話題にふれた章もあります。難しい単語は注を参照してください。日本語訳は各章の最後にあります。
VERO o FALSO	テキストの内容を正確に理解できているかどうかを確認しましょう。
GRAMMATICA	特に注目したい文法事項を取り上げ、解説しています。テキスト中の G1 、G2 の記号に照合してください。
ESPRESSIONI	覚えておきたい、または着目すべき表現です。テキスト中の E1 、E2 の記号に照合してください。
ESERCIZI	その章で扱った文法を主に使った練習問題です。州に関する情報が折り込まれている問題もあります。ぜひ挑戦してみてください。解答は巻末にあります。
RUBRICA	小さなコラムですが、意外に知られていない興味深い情報も紹介しています。

　読者の皆さんが自分自身でイタリア語の情報や資料にアクセスしてみたいと思った時、この本で学んだ単語や知識が最初の一歩として何らかの助けになれば幸いです。そして何よりも、この本で習得した語彙力・読解力を発揮して、皆さんがイタリアについての理解を深め、広げていくことを願っています。

2022年9月　著　者

目 次

1 ITALIA PARTE I

文化・学術・宗教の面で、世界に対し歴史的に大きな影響を及ぼしてきた。現在、経済力・軍事力も世界10位以内に入る。観光資源と食文化の豊かさは世界有数。エミリア・ロマーニャ州以北は北部（Settentrionale）、トスカーナ、ウンブリア、マルケ、ラツィオは中部（Centrale）、それ以南は南部（Meridionale, Mezzogiorno）と呼ばれる。地理的観点から、アブルッツォを中部に含める場合もある。

イタリアに関して友人マルコに尋ねる奈々。イタリア共和国の紋章の意味について、試験のような矢継ぎ早の質問をする彼女の意図は？

NANA: [G1] Senti, Marco. Io studio l'italiano ormai da tre anni. Adesso devo cominciare a prepararmi per la tesi di laurea. Mi aiuti? [G2] Posso farti alcune domande?

MARCO: Come no! [G3] Essendo italiano, sono pronto a rispondere a qualsiasi domanda sull'Italia!

NANA: Grazie! Allora... "L'Italia è una repubblica". Non esistono né un imperatore né un re. E c'è un presidente. Giusto?

MARCO; Esatto! Ma attenzione! Esistono due presidenti: il Presidente della Repubblica[1] e il Presidente del Consiglio dei Ministri[2]. Quest'ultimo è come il Primo Ministro, cioè: il Premier.

NANA: Ho capito. Ora [G1] guarda questo. Che cos'è?

MARCO: Ah, questo è l'emblema dell'Italia. [G1] Vedi, qui, sulla fascia, c'è scritto "Repubblica Italiana".

NANA: E in questo emblema, per esempio, cosa rappresenta la stella?

MARCO: Lo "Stellone" rappresenta proprio lo Stato italiano. Le stelle spesso simboleggiano le Nazioni. Avrai presente[3] la bandiera dell'Unione Europea. Ci sono delle stelle anche lì. Chi sa quante ce ne sono....

NANA: Dodici! Ma il numero delle stelle non corrisponde a quello delle nazioni dell'UE! Ma torniamo alle nostre domande. Queste

L'emblema dell'Italia

foglie sull'emblema, che cosa sono?

MARCO: Uhm, questo nostro colloquio mi sembra un esame. Questo è un ramo d'olivo! È il simbolo della pace!

NANA: Bene. Ma il ramo a destra è diverso da quello a sinistra.

MARCO: Come? Ah... è vero. Non me ne ero mai accorto.

NANA: È un ramo di quercia⁴, simbolo della forza e della dignità⁵ del popolo italiano!

MARCO: Sarai giapponese ma ne sai più di me! Io però ^{G2} ti so spiegare l'ultimo elemento: la ruota dentata⁶. Simboleggia il lavoro ed è collegato al primo articolo⁷ della Costituzione⁸: "L'Italia è una Repubblica democratica fondata sul lavoro"! A proposito⁹, Nana, esattamente su che cosa scrivi per la tesi?

NANA: Beh, il titolo sarà "Quanto conoscono dell'Italia gli italiani?" Farò un'indagine¹⁰ tra i miei amici italiani.

MARCO: E dovevi cominciare proprio da me?

---

1 Presidente della Repubblica: 共和国大統領   2 Consiglio dei Ministri: 内閣   3 avere presente: 知っている   4 quercia 樫（カシ）   5 dignità: 尊厳   6 ruota dentata: 歯車   7 articolo: 条文   8 Costituzione: 憲法   9 a proposito: ところで   10 indagine: 調査

⟩ VERO o FALSO ⟨

1 Marco aiuta volentieri Nana a prepararsi per la tesi di laurea.   (   )

2 Siccome Marco è italiano, conosce tutto dell'Italia.   (   )

3 L'argomento principale della tesi di laurea di Nana sarà il sistema di Governo italiano.   (   )

4 Marco conosceva il significato della ruota dentata dell'emblema italiano. (   )

5 Prima del colloquio, Nana non aveva spiegato a Marco il vero intento delle sue domande.   (   )

6 Nana farà queste domande anche agli altri amici italiani.   (   )

➡ GRAMMATICA

1 命令法

規則的な語尾変化は以下の通りです。

	- are	- ere	- ire
tu	**-a Guarda.**（見て）	**-i Vedi.**（見て）	**-i Senti.**（聞いて）

§ **Lei** に対する命令形の語尾変化は以下の通り。**noi** と **voi** は直説法現在と同形。

	- are	- ere	- ire
Lei	- i	- a	- a

2 補助動詞 potere, sapere

① **potere** ―「私」が主語の疑問文で、「～していいですか？」となります。

Posso farti alcune domande*?　　　　*fare una domanda「質問する」。ti は間接補語。
あなたにいくつか質問してもいい？

② **sapere** ―「～できる」「～をする能力がある」「～のやり方を知っている」を表します。

Ti **so** spiegare l'ultimo elemento.
最後の要素は君に説明することができる。

　§ **ti** は間接補語。①のように、末尾の -e が落ちた不定詞の後ろに置いてもよい。

3 ジェルンディオ

語尾変化の原則　　-are → -ando　　-ere → -endo　　-ire → -endo

従属節の代わりとして「～だから」という「理由」の意味を表します。

Essendo italiano, sono pronto a rispondere a qualsiasi domanda sull'Italia!
僕はイタリア人だから、イタリアについてのどんな質問 にも答える用意があるよ！

　§ 他に、「～しながら」「～するとき」「もし～ならば」の意味を表す。(→ p.94)

> ▶ **RUBRICA** ◀
>
> 豊かな文化を持つイタリアは全土にユネスコ世界遺産（patrimoni mondiali dell'UNESCO）を有し、その数は世界一を誇ります。食文化の豊かさと伝統も周知のとおり。ところがイタリア料理に不可欠なトマトが食用に供されるようになるのは実は18世紀頃から。意外と新しいのです。

1 [   ]に指示された人称に対する命令文をつくりましょう。

1 mangiare piano [tu] _____

2 giocare insieme [noi] _____

3 aprire la pagina trentuno [voi] _____

4 firmare su questo foglio [Lei] _____

2 Lei に対する次の命令文を、tu に対する命令文に変えましょう。

1 Venga domani alle due. _____

2 Faccia sport per la salute. _____

3 Vada subito da Sua nonna. _____

4 Mi dica la verità. _____

3 日本語に合うように _____ に補助動詞（volere, potere, dovere, sapere）を適切な活用形にして書きましょう。

1 君たち、すぐに宿題をしなくちゃいけないよ！

Ragazzi, _____ fare i compiti subito!

2 この靴を履いてみていいですか？

_____ provare queste scarpe?

3 あの子供たちは泳げない（泳ぎ方を知らない）。

Quei bambini non _____ nuotare.

4 「君は運転がうまいねえ！」「うん、いつか良い車を買いたいな。」

Sai guidare molto bene!

 — Sì, un giorno _____ comprare una bella macchina.

4 日本語にしましょう。

1 La penisola italiana ha la forma di uno stivale.

_____

2 Pur essendo* l'Italia una nazione, ogni sua regione è abbastanza diversa dall'altra.

_____

*pur ＋ジェルンディオ：「…～であっても」

奈々：ねえ、マルコ、私はイタリア語を勉強して3年になるんだけど。卒論の準備を始めないといけないのよ。力を貸してくれる？ いくつか質問していい？

マルコ：もちろんだよ！ 僕はイタリア人だから、イタリアに関するどんな質問にも答える用意があるよ！

奈々：ありがとう！ じゃあ……「イタリアは共和国である」。皇帝も王も存在しないのよね。で、プレジデントがいる。そうよね？

マルコ：その通り！ でも注意が必要だよ！ 2人のプレジデントがいるんだ。共和国大統領と内閣総理大臣。後者はすなわち首相のことだ。

奈々：わかった。ではこれを見て。これは何？

マルコ：ああ、これはイタリアの国章だ。ほら見て、帯の部分に「イタリア共和国」ってあるだろ。

奈々：それじゃ、この紋章の、たとえば星は何を表しているの？

マルコ：これは「大きな星」といってまさにイタリアの国を表しているんだ。星はよく国家のシンボルになっている。欧州連合の旗を知っているだろう。あれにも星があるよね、ええと、いくつだったかな……。

奈々：12。でも、星の数とEU加盟国の数は一致しない。質問に戻りましょう。紋章のこの葉っぱは、何でしょう？

マルコ：ふーん、僕らのこのやりとり、何だか試験みたいだな。これはオリーブの枝だよ！ 平和の象徴だ！

奈々：その通り。でも、右側の枝は、左側の枝とは違うでしょ。

マルコ：なんだって？ あ、ほんとだ。これまで気がつかなかった。

奈々：これは樫の枝で、イタリア国民の力と尊厳のシンボル！

マルコ：君って日本人だよね、なのに僕よりよく知ってるんだ！ でも最後のひとつのものは説明できるよ。歯車だ。労働のシンボルで憲法第一条と関連している。「イタリアは、労働に基礎を置く民主的共和国家である」！ ところで奈々、君は厳密には何について論文を書くの？

奈々：ええと、タイトルは、「イタリア人はどれほどイタリアについて知っているか」ってとこかな。まずは自分のイタリア人の友だちについて調査をするつもりなの。

マルコ：で、よりによって僕から始めないといけなかったわけ？

2 VALLE D'AOSTA

モンブラン(モンテ・ビアンコ)

Cervinia

Courmayeur •

■ AOSTA

ABITANTI
123.337

SUPERFICIE
3.260,85 KM²

CAPOLUOGO
AOSTA

国内で最も小さい州。フランス側のモンブランに加え、州東部にはスイスとの国境にマッターホルン(イタリア語では Monte Cervino)を有し、チェルヴィニア(Cervinia)はスキーリゾートでも有名。州の北東部では、モンテ・ローザ(Monte Rosa)の山群が望める。一方、州都アオスタは古代ローマを起源とし、遺跡や遺構が残る。

クールマイユールの青年が地元の町を紹介し、この州を訪れる時に役立つ助言をひとつ授けます。そして「2つの夢」を語ります。

Mi chiamo Michele. Ho diciassette anni. ^{G1} Sono nato ad Aosta, capoluogo della regione della Valle d'Aosta. ^{G2} Quando avevo tre anni, la mia famiglia si è trasferita[1] a Courmayeur, dove adesso i miei genitori gestiscono un rifugio[2]. Courmayeur è un paese meraviglioso! È il paradiso degli alpinisti[3], degli sciatori ma anche dei semplici turisti. In tutte le stagioni, dal nostro rifugio si può ammirare il Monte Bianco — ma forse per voi giapponesi sarà più familiare il nome francese "Mont Blanc".

Se venite in Valle d'Aosta, vorrei darvi un piccolo consiglio: sarà utile imparare un po' la pronuncia della lingua francese. Sì, perché in questa regione si parlano ^{E1} sia l'italiano che il francese, come lingue ufficiali. Non c'è nessun problema a comunicare in italiano con i valdostani, ma per alcuni nomi la pronuncia francese è più comune: Pré Saint Didier[4], Entrèves[5] e appunto Courmayeur! Anche a me, a volte mi chiamano Michel (alla francese) invece di Michele!

Ora parlerò un po' di me stesso. Ho due ambizioni per il futuro. La prima è scalare[6] il Monte Bianco! Fino a oggi, in inverno, sono andato a sciare, e in altre stagioni ho fatto trekking qui intorno. Ma ^{G1} non ho mai scalato una montagna. Vorrei imparare

Rifugio alpino

a scalare e un giorno vorrei arrivare sulla sommità[7] del Monte Bianco, il monte che da sempre è nel mio cuore e nei miei occhi!

G3 L'alpinista che adoro[8] si chiama Walter Bonatti. **G4** Lo conoscete? È un grande alpinista e ha fatto diverse scalate importanti nella storia dell'alpinismo mondiale. A Courmayeur c'è un rifugio che ha il suo nome, nonostante lui non sia valdostano. Sono felice che il mio eroe abbia uno stretto legame[9] con il mio paese!

La seconda mia ambizione è diventare rifugista, come i miei genitori. La professione di rifugista, secondo me, non è solo nel gestire un rifugio alpino.... È un mestiere che richiede conoscenza e tecnica professionali di alta qualità. Dovrò conoscere approfonditamente[10] di natura, di ecologia e di tante altre cose. Lo so, ci vogliono[11] tanti anni di tirocinio[12], ma un giorno raggiungerò senz'altro anche questa... cima!

---

1 trasferirsi: 引っ越す **2** rifugio: 山小屋 **3** alpinista: [男・女]登山家 **4** Pré Saint Didier: プレ・サン・ディディエ **5** Entrèves: アントレーヴ **6** scalare: (山に)登る **7** sommità: 頂上 **8** adorare: 敬愛する **9** legame: 絆 **10** approfonditamente: 深く掘り下げて **11** volerci: (時間を)要する **12** tirocinio: 修業

> **VERO o FALSO**

1 Michele è nato e cresciuto a Courmayeur.   (   )

2 A Courmayeur non ci si diverte affatto senza sciare o scalare una montagna.

(   )

3 In genere i valdostani parlano solo francese.   (   )

4 Michele è bravo a scalare, solo che non ha mai scalato il Monte Bianco.   (   )

5 Walter Bonatti non è di Aosta né di Courmayeur.   (   )

6 Michele capisce bene il valore e la difficoltà del lavoro dei suoi genitori.   (   )

➻ GRAMMATICA

1 近過去の用法

〈助動詞（**avere** または **essere**）の活用形＋**過去分詞**〉。**essere** の時、過去分詞の語尾は主語の性・数に一致します。

> ***Sono nato** ad Aosta.*
> 僕はアオスタで生まれた。

近過去の用法のひとつに「経験」があります。否定文の中では **mai** を用いることが多いです。

> ***Non ho mai scalato** una montagna.*
> 僕は山登りをしたことがない。

§「行ったことがある」という時、過去分詞は **stato**。近過去の他の用法として「完了」がある。（→ p.136）

2 近過去 — 半過去との併用

ひとつの文の中で近過去と半過去をともに用いる場合があります。

> *Quando **avevo** tre anni, la mia famiglia **si è trasferita** a Courmayeur.*
> 僕が3歳の時、僕の家族はクールマイユールに引っ越した。

3 関係代名詞 che（目的格）

先行詞が関係節の直接目的語にあたる場合に用います。

> *L'alpinista **che** adoro si chiama Walter Bonatti.*
> 僕が敬愛する登山家は、ヴァルテル・ボナッティという名前だ。

4 直接補語人称代名詞（直接補語）

男性（彼）および男性単数名詞は **lo** に代わります。

> ***Lo** conoscete?*　　　　　　　　　　＊女性単数→ la　男性複数→ li　女性複数→ le
> あなたたちは彼を知っていますか？

➻ ESPRESSIONI

1 sia ... che ～　「…も～も」

> *Si parlano **sia** l'italiano **che** il francese.*
> フランス語もイタリア語も話される。

➻ ESERCIZI

1 日本語に合うように、＿＿＿＿に1語を書きましょう。

1 私はイタリアのチーズを一度も食べたことがない。

＿＿＿＿＿＿ ＿＿＿＿＿＿ ＿＿＿＿＿＿ ＿＿＿＿＿＿ formaggio italiano.

2 マリーア、君は京都に行ったことがある？

Maria, ＿＿＿＿＿＿ ＿＿＿＿＿＿ ＿＿＿＿＿＿ a Kyoto?

3 君たちはスタジアムでサッカーの試合を見たことがある？

＿＿＿＿＿＿ ＿＿＿＿＿＿ una partita di calcio allo stadio?

2 日本語に合うように、文をつくりましょう。1語とは限りません。

1 3歳の時、ミケーレは家族と共に引っ越しをした。

Quando ＿＿＿＿＿＿ tre anni, Michele ＿＿＿＿＿＿ con la sua famiglia.

2 ジュリアが小さかった頃、そのネコが家にやって来た。[arrivare]

Quando Giulia ＿＿＿＿＿＿ piccola, quel gatto ＿＿＿＿＿＿ a casa sua.

3 私の母は、若い頃一度インドに行ったことがある。

Quando ＿＿＿＿＿＿ giovane, una volta mia madre ＿＿＿＿＿＿ in India.

3 直接補語を用いて、質問に対する答えの文をつくりましょう。

1 Leggi questa rivista?　　— No, ＿＿＿＿＿＿

2 Vedi spesso Anna e Marta?　　— Sì, ＿＿＿＿＿＿ ogni giorno.

3 Signora Costa, Lei conosce i miei genitori?

— Certo, ＿＿＿＿＿＿ benissimo! Siamo amici.

4 本文の Michele が続けて話します。日本語にしましょう。

Avete mai sentito nominare "la Coppa[1] dell'Amicizia"? È una ciotola[2] in legno tipica della Valle d'Aosta. La sua forma è particolare: ha sei beccucci[3]! Gli amici la fanno passare di mano in mano e bevono il caffè. Noi, tradizionalmente, diamo l'importanza speciale all'amicizia!

＿＿＿＿＿＿＿＿＿＿＿＿＿＿＿＿＿＿＿＿＿＿＿＿＿＿＿＿＿

＿＿＿＿＿＿＿＿＿＿＿＿＿＿＿＿＿＿＿＿＿＿＿＿＿＿＿＿＿

[1]Coppa: 器、杯　　[2]ciotola:（お椀型の）入れ物　　[3]beccucci: 飲み口

僕の名前はミケーレ。17歳。ヴァッレ・ダオスタの州都アオスタで生まれた。3歳の時、家族でクールマイユールに引っ越し、現在両親はそこで山小屋を経営している。クールマイユールはすばらしい町だ！　登山家、スキーヤー、そして普通の観光客にとっても天国なんだ。

　どの季節でも、うちの山小屋からはモンテ・ビアンコが望める。たぶん日本人の皆さんにはフランス名の「モンブラン」の方がなじみ深いだろうね。

　皆さんがもしヴァッレ・ダオスタに来てくれるなら、ひとつちょっとしたアドバイスがあるんだ。それは、フランス語の発音を少し学んでおけば役に立つということ。この州ではイタリア語もフランス語も公用語として話されている。ヴァッレ・ダオスタの人とイタリア語でコミュニケーションをとるのはまったく問題ない。でも、ある固有名詞などはフランス語の発音の方が普通なんだ。プレ・サン・ディディエとかアントレーヴ、それにクールマイユールもそうだよね！　僕の名前も、ミケーレなのに（フランス式に）ミシェルと呼ばれることもあるんだよ！

　僕自身のことも少し話すね。僕には、将来の夢が2つあるんだ。ひとつは、モンテ・ビアンコに登ること。これまでは、冬はスキーに行ったり他の季節はこの周辺にトレッキングに行ったりしたけれど、登山の経験はない。登山を学んで、いつかモンテ・ビアンコの頂上に到達したいんだ！　いつも僕の心と視界の中にあるあの山の頂に。

　僕が敬愛する登山家の名は、ヴァルテル・ボナッティ。皆さん知っている？　偉大な登山家で、世界の登山の歴史のなかで重要な登攀をいくつも行なっている。ヴァッレ・ダオスタの生まれでないにもかかわらず、クールマイユールには彼の名前を冠した山小屋がある。僕のヒーローが、僕の町と強い絆を持っているなんて嬉しいよ。

　2番目の夢は、両親のような山小屋経営者になること。山小屋経営者の仕事は、ただ山小屋を経営するだけではないと思うんだ。高度なプロの知識やスキルが要求される職業だ。自然や、生態学や、その他たくさんのことについて、僕はこれから深く掘り下げて知識を得ていかなければならない。何年も何年も、修業の期間が必要だとわかっている。でも、いつか必ず到達したいんだ。その山の頂にも。

3 Piemonte

トリノの市街地

Novara

TORINO

ABITANTI
4.252.279
SUPERFICIE
25.386,70 KM²
CAPOLUOGO
TORINO

世界的に有名な自動車メーカー FIAT がトリノにあり、工業が州の基幹産業といえるが、食文化の豊かさも国内有数。州南部の丘陵地帯は数々の有名銘柄ワインを産出する。トリノは、Risorgimento（イタリア国家統一運動）の時期にサルデーニャ王国の、統一後はイタリア王国の首都だった歴史から、王宮など壮麗な建造物がある。

19

トリノ市のサッカーチーム強豪ユヴェントゥスと古豪トリノ。生粋のトリノ人男性が語る、絶頂期のトリノを襲った悲劇とは?

Sicuramente ^{G1} a qualcuno di voi piace il calcio italiano. Sono d'accordo! ^{G1} Piace anche a me! Le partite di Serie A¹ sono senza dubbio eccitanti!

Come sapete, in Italia il calcio è lo sport più popolare. Molti italiani hanno una squadra preferita e normalmente tifano² per la squadra della loro città natale, ma esiste una squadra che ha tifosi in tutta Italia, anzi, in tutto il mondo! È la Juventus. La sua sede è la città di Torino, tuttavia i suoi tifosi non sono solo torinesi. Anche tra voi ci sarà chi adora la "Juve³".

La sua storia è gloriosa e piena di vittorie. La Juventus è stata più volte Campione d'Italia, vincendo innumerevoli Scudetti⁴. La Juve è un club così potente da ingaggiare⁵ i migliori giocatori del mondo, come il portoghese Cristiano Ronaldo, o anche come Platini e Zidane, entrambi ex-bianconeri⁶ e francesi. Sì, ovviamente ci sono stati anche fuoriclasse⁷ italiani, come Del Piero e Buffon!

Ho scritto fino a questo punto, ma sinceramente mi sento un po' a disagio. Io, purtroppo, non tifo affatto per la Juventus! ^{G2} Dovreste sapere che a Torino c'è anche un'altra squadra, molto prestigiosa, che si chiama "il Torino". È questa la mia squadra del cuore!

Basilica di Superga

Gli anni 40 sono stati il periodo di picco del "Grande Torino"[8], quando conquistò cinque scudetti consecutivamente[9]. **G3** A quell'epoca, tutti eravamo suoi tifosi. Ma la brillante carriera del Torino è stata stroncata[10] da una tragedia: quella di Superga.

G4 Superga è uno dei colli più alti di Torino, situato a circa 10 km dal centro cittadino. È conosciuto per una bella Basilica, un edificio settecentesco, solenne e molto elegante. Il 4 maggio 1949, un aereo si è schiantato[11] proprio sulla collina della Basilica. A bordo di quell'aereo vi erano i giocatori e lo staff del Grande Torino. La loro morte suscitò[12] enorme tristezza in tutta Italia. Anch'io, che **G3** all'epoca avevo solo sette anni, ebbi un grande shock. Partecipai ai funerali con la mia famiglia e con alcune centinaia di migliaia di persone. Da quel giorno in poi, da ben 70 anni, ogni maggio visito la Basilica di Superga per ricordare i miei eroi.

---

1 Serie A: イタリア国内のプロサッカー1部リーグ　2 tifare per 〜: 〜のファンである　3 Juve: ユヴェントゥスの愛称　4 vincere lo Scudetto: スクデットを勝ち取る、セリエ A でリーグ優勝する　5 ingaggiare: スポーツ選手などと契約する　6 ex-: 元 〜、bianconeri ユヴェントゥスの選手（またはサポーター）　7 fuoriclasse: ［無変］超一流選手　8 "Grande Torino": グランデ・トリノ（絶頂期のトリノの愛称）　9 consecutivamente: 連続して　10 stroncare: へし折る　11 schiantarsi: 激突する　12 suscitare: 引き起こす

⟩ VERO o FALSO ⟨

1　In tutto il mondo c'è chi ama la Juventus.　　　　　　　　　(　)

2　La Juve è stata Campione d'Italia due volte.　　　　　　　(　)

3　I giocatori più bravi della Juve sono sempre stati stranieri.　(　)

4　La squadra per cui questo autore tifa è il Torino.　　　　(　)

5　I giocatori del Grande Torino sono rimasti uccisi in un incidente d'aereo.　(　)

6　L'autore di questo testo ha settanta anni.　　　　　　　(　)

➡ GRAMMATICA

1 動詞 piacere の用法

「（人）は〜が好きだ」の（人）には前置詞 **a** が必要。補語人称代名詞の場合は間接補語で、mi piace, gli piace などとなります。anche を用いる時は、強勢形で **a me, a lui** となります。

① ***A qualcuno di voi piace*** il calcio italiano.
   あなたたちのうち誰かはイタリアサッカーが好きだ。

② ***Piace anche a me***!
   私も好きだ。

2 条件法現在の用法

直説法より控え目なニュアンスをもちます。次の例の直訳は「…ということをおそらくあなた方は知るべきだろう」。直説法を用いた断定的な Dovete sapere che ... に比べ、遠慮がちで柔らかい印象を与えます。

Dovreste sapere che ...
……ということを、あなた方にぜひ知っていただきたい。

3 直説法半過去

過去のある時点でそのような状態だったことを表す時制です。

① A quell'epoca, tutti* ***eravamo*** suoi tifosi.　　　*「我々みんな」の意で主語は noi。
   当時はみんながそのファンだった。

② All'epoca ***avevo*** solo sette anni.
   当時、私はほんの7歳だった。

4 最上級と比較級、「最も〜のうちのひとつ」

最上級は〈**定冠詞** + **比較級**〉。比較級は〈**più** + **形容詞**〉。「（最上級の形容詞＋名詞）のうちのひとつ」という表現では、その名詞が男性なら uno、女性なら una となります。

Superga è ***uno dei colli*** * ***più alti*** di Torino.　　　*colle は男性名詞なので uno。
スペルガはトリノで最も高い丘のひとつである。

1 例にならい、日本語に合うように に1語を書きましょう。

例「私はスイーツがとても好きだ」「私も」

Mi piacciono* molto i dolci.　— Anche a me.　　　　　*複数は piacciono

1 「私はネコが好き」「私は違う」

＿＿＿＿＿＿　＿＿＿＿＿＿　i gatti.　　— ＿＿＿＿＿＿　＿＿＿＿＿＿　no.

2 「私は歩くのがあまり好きじゃない」「私は好き！」

＿＿＿＿＿＿　＿＿＿＿＿＿　molto camminare.　　— ＿＿＿＿＿＿　sì!

3 「私の息子たちは野球をするのが好きだ」「私の息子たちも」

＿＿＿＿＿＿　＿＿＿＿＿＿　giocare a baseball.

— Anche ＿＿＿　＿＿＿　＿＿＿　＿＿＿

4 「僕は動物が好きだ。君たちは？」「私は好きだけど妹はだめ」

＿＿＿＿＿＿　＿＿＿＿＿＿　gli animali. A ＿＿＿＿＿＿　?

— ＿＿＿＿＿＿　sì, ma ＿＿＿＿＿＿　＿＿＿＿＿＿　no.

2 [　　]に指示された動詞を条件法にして、日本語のニュアンスに合わせた文をつくりましょう。主語はいずれも「私」としてください。

1 そろそろ家に帰ろうかなぁ。[andare]

Ora ＿＿＿＿＿＿　a casa.

2 僕はひとり暮らしをして自立しようかなぁ。[abitare / essere]

＿＿＿＿＿＿　da solo e ＿＿＿＿＿＿　indipendente.

3 この暖かさじゃ厚手の服は着ないでおこうかなぁ。[mettersi]

Con questo caldo non ＿＿＿＿＿＿　un vestito pesante.

3 日本語に訳しましょう。

1 La Barbera è uno dei vini più amati nel Piemonte.

＿＿＿＿＿＿＿＿＿＿＿＿＿＿＿＿＿＿＿＿＿＿＿＿＿＿

2 Sestriere è uno dei campi di sci più popolari in Italia.

＿＿＿＿＿＿＿＿＿＿＿＿＿＿＿＿＿＿＿＿＿＿＿＿＿＿

皆さんの中には、イタリアサッカーが好きだという人が当然おられるでしょう。その意見に賛成です。私も好きなんです！　セリエ A の試合は疑いなくエキサイティングですよね。

　ご存じのように、イタリアではサッカーは最も人気のあるスポーツです。多くのイタリア人がひいきのチームをもっていて、自分の生まれた町のチームのファンであるのが普通なのですが、イタリア全土に、いや世界中にファンをもつチームが存在します。ユヴェントゥスです。本拠地はトリノ市ですが、そのファンはトリノ市民に限りません。あなたたちのうちにもユーヴェをこよなく愛する人がいるでしょう。

　その歴史は栄光に彩られ勝利に満ちています。ユヴェントゥスは数えきれないほどスクデットを勝ち取り、何度もイタリアチャンピオンになりました。ユーヴェは非常に力のあるクラブなので、ポルトガルのクリスティアーノ・ロナウドのような世界最高の選手と契約できるのです。あるいはユーヴェの元選手であるフランス人プラティニやジダンのような。ええ、もちろんイタリア人でも超一流の選手たちがいましたよ、デル・ピエーロとかブッフォンとかね！

　ここまで書いてきて、私は正直ちょっと居心地の悪い気がしています。実はあいにく私は、まったくユヴェントゥスのファンではないんです！　トリノには、もうひとつチームが、名門の、トリノという名のチームがあることを、皆さんにぜひとも知っていただきたい。これこそ私の意中のチームなのです！

　1940 年代は、「グランデ・トリノ」が 5 年連続チャンピオンになった絶頂の時代でした。当時はみんながトリノのファンでした。しかし、トリノの輝かしい経歴は、ある悲劇によって断ち切られてしまったのです。スペルガの悲劇です。

　スペルガは、トリノで最も高い丘のひとつで、市街地から 10 キロほどのところにあります。美しい教会があることで有名で、それは荘厳でとても優雅な 18 世紀の建造物です。1949 年 5 月 4 日、1 機の飛行機が、まさにその教会のある丘に激突しました。飛行機には、グランデ・トリノの選手たちとスタッフが乗っていたのです。彼らの死は国じゅうにとてつもない悲しみをもたらしました。当時、ほんの 7 つだった私も、大きなショックを受けました。家族と、そして数十万人の人々とともに、葬儀に参列しました。あの日から 70 年もの間、毎年 5 月に私はスペルガ教会を訪れています。私のヒーローたちを思い出すために。

4 LIGURIA

リグーリア州

チンクエテッレ

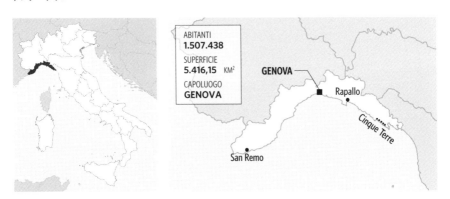

ABITANTI
1.507.438

SUPERFICIE
5.416,15 KM²

CAPOLUOGO
GENOVA

GENOVA

Rapallo

Cinque Terre

San Remo

西はフランスに隣接しリグリア海（Mare Ligure）北岸に沿って三日月形に延びる。海岸（Riviera）にはラパッロ（Rapallo）やチンクエテッレ（Cinque Terre）など魅力ある小さな町も点在する。ジェノヴァは古代から海運業が栄え、共和国時代にはヴェネツィアやピサと覇を競った。現在も国内有数の港を擁し、1992年には万博「国際船と海の博覧会」が開催された。

25

2018年8月にジェノヴァで起こった高架橋落下の事故。イタリアのテレビニュースでずっと注目し続けてきた日本人講師の手記です。

Quel giorno l'atmosfera del telegiornale era diversa dal solito. La voce della presentatrice mi sembrava particolarmente agitata. [G1] Sullo schermo veniva mostrata la scena agghiacciante[1] di [G2] un ponte che crollava. "Oddio! Oddio!" — Nel filmato [G3] si sentiva questa voce, probabilmente la voce di chi, forse puramente per caso, girava questo filmino[2]....

Il 14 agosto 2018, [G1] l'Italia è stata profondamente scossa da una immensa tragedia: un viadotto autostradale[3] nella città di Genova è improvvisamente crollato, uccidendo 43 persone. Questo ponte era comunemente conosciuto come il "Ponte Morandi", dal cognome dell'ingegnere che lo progettò negli anni Sessanta.

Ma come si può accettare che un ponte, gigantesco e di cemento[4], possa crollare? Di solito soltanto tremendi terremoti possono causare questo tipo di crollo. Invece, questa volta, il viadotto autostradale si è spezzato[5], all'improvviso, e senza un motivo apparente....

Il crollo del ponte sembra essere stato provocato da un improvviso decadimento[6] dei suoi materiali. L'opinione pubblica è rimasta scioccata da questo avvenimento[7]. [E1] Era chiaro che [G1] da molti anni i controlli non venivano fatti correttamente, e che forse i materiali erano difettosi[8]. Con il tempo la tristezza si è trasformata in[9] rabbia.

In seguito, il Governo ha autorizzato la costruzione di un nuovo ponte, demolendo[10] completamente quello vecchio. Il 3 agosto 2020 è stato infine inaugurato il nuovo viadotto "Genova San Giorgio", su progetto dell'architetto Renzo Piano, originario di Genova, e uno dei più rinomati architetti del mondo. Il suo nome mi è familiare: lui è il progettista dell'Aeroporto di Kansai.

Il nuovo ponte appare molto più moderno e leggero, ed è dotato[11] di nuovissime tecnologie "robotiche" per il controllo costante delle proprie condizioni.

---

[1] agghiacciante: ぞっとするほど恐ろしい　[2] filmino: 動画　[3] viadotto autostradale: 高速道路の高架橋　[4] cemento: コンクリート　[5] spezzarsi: 砕ける　[6] decadimento: 崩壊　[7] avvenimento: 出来事　[8] difettoso: 欠陥のある　[9] trasformarsi in ～ : ～に変わる　[10] demolire: 解体する [11] dotato: 備え付けられた

＞ VERO o FALSO ＜

1　Il crollo del Ponte Morandi è stato filmato senza preparazione.　（　）

2　La presentatrice del telegiornale ha gridato "Oddio!" quando ha visto la scena del crollo del ponte.　（　）

3　Tutti sapevano che il Ponte Morandi sarebbe crollato.　（　）

4　I materiali usati per il vecchio ponte erano perfetti.　（　）

5　Il nuovo ponte è stato ricostruito sui resti del vecchio.　（　）

6　Renzo Piano, architetto genovese, ha progettato il nuovo ponte.　（　）

➡ GRAMMATICA

1 受動態

① 〈essere の活用形 + 過去分詞〉

L'Italia **è stata scossa** da una immensa tragedia.
イタリアは計り知れないほど大きな悲劇に揺り動かされた。

§ この文の時制は近過去。(→ p.46)

② 〈venire の活用形 + 過去分詞〉も用いられますが、近過去などの複合時制では venire は用いられません。

Sullo schermo **veniva mostrata** una scena agghiacciante.
ぞっとするような恐ろしい光景が画面に映し出されていた。

Da molti anni i controlli non **venivano fatti**.
長年の間、点検はされてこなかった。

*①②のいずれにおいても過去分詞の語尾は主語の性数に一致。

2 関係代名詞 che（主格）

先行詞が関係節の主語にあたる場合に用いられます。

un ponte **che** crollava
崩壊していく橋

3 関係代名詞 chi

la persona che, uno che に置き換え可能。「〜する人」「〜である人」を表します。常に男性単数扱いとなります。

Si sentiva la voce di **chi** girava questo filmino.
この動画を撮影していた人の声が聞こえていた。

➡ ESPRESSIONI

1 è chiaro che ... / era chiaro che ...　「〜のことは明らかだ（だった）」

che の節の動詞は直説法を用います。

Era chiaro che i controlli non venivano fatti correttamente.
適切に点検されてこなかったのは明らかだった。

➻ ESERCIZI

1 日本語に合うように、＿＿＿＿に1語を書きましょう。本文に類似の表現があります。

1 戦争は、数えきれない人々を殺しつつ、続いた。

La guerra continuò ＿＿＿＿＿＿＿＿ innumerevoli persone.

2 そんな不当な提案をどうやって受け入れられるというのか。

Come ＿＿＿＿＿＿＿＿＿＿＿＿＿＿ una proposta così ingiusta?

3 計算が適切にされてこなかったのは明らかだった。

＿＿＿＿＿ ＿＿＿＿＿ ＿＿＿＿＿ i calcoli non venivano fatti correttamente.

2 日本語に合うように、[　　]の単語をすべて使って並べ替え文をつくりましょう。
動詞、形容詞は正しい形にしましょう。

1 海外で働きたい人はビザを取得しなければならない。
[lavorare, ottenere, volere, dovere, chi, il visto, all'estero]

2 その小説はロシア人の女性作家によって書かれた。
[scrivere, russo, stato, quel, una scrittrice, romanzo, da, essere]

3 その料理はよく食べているので私にはなじみ深い。
[essere, mangiare, spesso, perché, lo, familiare, piatto, quel, mi]

3 日本語に訳しましょう。

1 Genova è conosciuta come luogo di nascita di Cristoforo Colombo.

2 In Liguria, lungo la Riviera, ci sono tanti paesi che attirano* i turisti da tutto il
mondo. *attirare: ひきつける

3 A San Remo ogni anno viene tenuto il festival della canzone più famoso d'Italia.

あの日、テレビニュースの雰囲気はいつもと違っていた。女性キャスターの声が、特別に動揺しているように私には思えた。画面には、ぞっとするほど恐ろしい光景が映し出された。橋が崩れ落ちていたのだ。「ああ、なんてことだ、神様！」。声が映像の中で聞こえた。おそらくは、まったく偶然にこの動画を撮影していた人の声だ。

2018年8月14日、イタリアは計り知れないほど大きな悲劇に奥底から揺り動かされた。ジェノヴァ市内を通る高速道路高架橋が突然崩れ落ち、43人が亡くなったのだ。この橋は、一般に「モランディ橋」としてよく知られていた。1960年代にそれを設計した技術者の姓からとった名だ。

それにしても、コンクリートでできた巨大な橋が崩れ落ちるなんてことがあっていいものだろうか。通常の場合、このような惨事は恐ろしい地震のみが原因となり得る。ところが今回は、高速道路の高架橋が、見た目には何の理由もなく突然崩落したのだ。

崩落は、橋の原材料が突如として崩壊したことにより引き起こされたらしい。世論はこの出来事にショックを受けた。長年の間検査が適切に行なわれてこず、また原材料が欠陥品だったのは明らかだった。悲しみは次第に怒りに変わった。

その後、政府は、古い橋を完全に取り壊し新しい橋を建設することを承認した。2020年8月3日、ついに、ジェノヴァ生まれの建築家レンツォ・ピアーノが設計した新高架橋「ジェノヴァ・サン・ジョルジョ」が開通した。世界で最も高名な建築家のひとりだ。私にとって彼の名はなじみ深い。関西空港の設計者だからだ。

新しい橋は、ずっと近代的で、軽やかに見える。そして、常時橋の状況を監視するため最新の「ロボット」技術を備えている。

5 LOMBARDIA

ロンバルディーア州

ミラノのガレリア

ABITANTI
9.965.046
SUPERFICIE
23.863,10 KM²
CAPOLUOGO
MILANO

州の名はランゴバルド人(Longobardi：もともとスカンジナビア南部に住んでいたゲルマン民族の一部族)に由来する。ファッションやデザインはもちろん、環境関連産業や先端技術の分野でもヨーロッパをけん引する地域のひとつ。一方、コモ湖やガルダ湖など自然も豊かで、マントヴァやベルガモなどの都市も文化的・歴史的に見どころが多い。

ルイーザは、いとこのアントーニオが住むミラノに遊びに来ました。午前中はひとりで観光し、午後は珍しい場所を案内してもらいます。

ANTONIO: Allora, Luisa, come hai trascorso la mattinata?

LUISA: Sono andata al Duomo! [G1] La mia professoressa me lo aveva detto: il Duomo di Milano è un bellissimo esempio di edificio in stile gotico[1].

ANTONIO: Sei salita fin sulla cima?

LUISA: Sì! Ma mica[2] a piedi! Ho preso l'ascensore e mi sono anche goduta il bel panorama.

ANTONIO: [E1] Scommetto che sei andata anche alla Galleria[3]!

LUISA: Certamente! Ho fatto una bella passeggiata! Lì ci sono tanti bei negozi, ristoranti e bar. Ho comprato un paio di scarpe all'ultima moda e, per il mio ragazzo Daniele, ho scelto un portachiavi. Ho speso un po' troppo. Dunque... adesso? Dove andiamo? Dove mi porti di bello?

ANTONIO: Vorrei portarti in un bosco.... Ma non è un bosco qualsiasi. È "il bosco verticale".

LUISA: Che nome strano! [G2] Com'è possibile che un bosco sia verticale?

ANTONIO: Infatti non è un vero bosco! È un complesso residenziale[4] formato da due alti palazzi. Questi due palazzi ospitano sulle loro facciate una piccola foresta

"il bosco verticale"

di alberi e fogliame[5]. Perciò si chiama "bosco verticale"!

LUISA: Uhm, non sembra così particolare. Ci sono tanti appartamenti che da sempre hanno le piante sui balconi. Che differenza c'è con un palazzo ordinario?

ANTONIO: Nel bosco verticale le piante sono tantissime, molte di più che in un palazzo normale, e sono perfettamente integrate con[6] l'edificio! La copertura di vegetazione garantisce un migliore isolamento[7] dai rumori cittadini, dall'inquinamento, dallo stress e dalle intemperie[8]! E allo stesso tempo offre anche un riparo naturale per uccelli e insetti.

LUISA: Ora mi hai incuriosita!

ANTONIO: Dovresti proprio vederlo! È anche molto chic[9]!

LUISA: Dai, andiamoci! Non vedo l'ora di vederlo!

---

1 in stile gotico: ゴシック様式の　2 mica: まさか 〜ではない　3 Galleria: ガレリア (Galleria Vittorio Emanuele II)。ドゥオーモとスカラ座 (Teatro alla Scala) を結び、高級ブランド店やレストラン、カフェ の連なる豪奢なアーケード街。　4 complesso residenziale: 住宅複合施設　5 fogliame: [男]葉の茂み 6 integrato con...: 〜と一体化した　7 isolamento: 隔離されていること　8 intemperie: [女複]悪天候 9 chic: [仏]おしゃれな

＞ VERO o FALSO ＜

1　A Milano c'è un tipico edificio in stile gotico, cioè il Duomo di Milano. 　(　)

2　Luisa è salita sulla cima del Duomo di Milano usando le scale. 　(　)

3　All'inizio Luisa non era molto convinta della storia sul bosco verticale. 　(　)

4　Il bosco verticale consiste di due altissimi alberi. 　(　)

5　Chi vive dentro il bosco verticale viene protetto dal rumore e dall'aria sporca della città. 　(　)

6　Alla fine Luisa ha deciso di andare al bosco verticale molto volentieri. 　(　)

➡ GRAMMATICA

1 補語人称代名詞 ── 間接補語と直接補語の併用

間接補語 mi は、直接補語と一緒に使われる時 me となります。ti, ci, vi も mi と同様に te, ce, ve と変化します。なお、gli と le はともに glie となり直接補語とくっついて glielo のようになります。本文では直接補語 lo は後続の文全体「そのこと」を指します。

> La mia professoressa **me lo** aveva detto.
> 私の先生は私にそう言った。

> *Cf.* A Laura piace il Kabuki. Ho un biglietto extra. **Glielo** regalo.
> ラウラは歌舞伎が好きだ。余分の切符が一枚あるから彼女にあげよう。

2 非人称構文

〈essere + 形容詞 + che + 主語 + 動詞 (接続法)〉主語を明らかにした非人称構文です。用いられる形容詞は他に importante, necessario などで、che の節の中の動詞は接続法です。

> **Com'è possibile che** un bosco **sia** verticale?
> 森が垂直なんてことがどうやってあり得るの?

> *Cf.* **È importante che** ognuno **abbia** cura della propria salute.
> ひとりひとりが自分の健康に注意することが重要だ。

> § ここでは接続法現在。接続法過去を用いた同型の文もある。(→ p.70)

➡ ESPRESSIONI

1 scommetto che ... 「私は (賭けてもいいほど) 〜と断言する」 *scommettere: 賭ける

> **Scommetto che** sei andata anche alla Galleria!
> 君はきっとガレリアにも行ったよね!

▶ RUBRICA ◀

ロンバルディーアは19世紀の有名な小説 *I Promessi Sposi* (邦訳は『婚約者』もしくは『いいなづけ』) の舞台です。作者はマンゾーニ (Alessandro Manzoni)。コモ湖を舟が進む冒頭の一節は多くの人が暗唱できるほどで、国民的作品と言えます。若いカップル Lucia と Renzo が主人公ですが、他の登場人物 Don Abbondio や Innominato も、コモ (Como) やレッコ (Lecco) の町でバールの名前になっているほどおなじみのようです。

1 日本語に合うように、＿＿＿＿に1語を入れて文をつくりましょう。本文に類似の表現があります。

1 今日まだそんなに貧しい国があるなんて、あり得るのか？

È possibile che ancora oggi ci ＿＿＿＿＿＿＿＿＿ dei Paesi così poveri?

2 このミラノ風リゾットはすごくおいしいよ。食べようよ！

Questo risotto alla milanese è buonissimo. ＿＿＿＿＿＿＿＿＿ !

3 君たちはご両親に感謝しないといけないと思うよ。[条件法を使って]

＿＿＿＿＿＿＿＿＿ ringraziare i vostri genitori.

4 「リタ、素敵な眺めを楽しんだかい？」
「ええ、たくさんの美しいビルや摩天楼を見たわ」[godersi, bello を使って]

Rita, ＿＿＿＿＿＿＿＿＿ il ＿＿＿＿＿＿＿＿＿ panorama?

— Sì, ho visto tanti ＿＿＿＿＿＿＿＿＿ palazzi e grattacieli.

2 日本語に合うように、[　　]の単語をすべて使って並べ替え文をつくりましょう。動詞は正しい形にしましょう。

1 モンタルバーノはただの刑事ではない。
[Montalbano, qualsiasi, agente, essere, non, un]

2 子供たちは外で遊びたくてたまらない。
[fuori, l'ora, giocare, non, vedere, i bambini, di]

3 私、あのスカーフが要るの。返してくれる？
[restituire, bisogno, sciarpa, me, avere, di, quella, la]

＿＿＿＿＿＿＿＿＿ ?

3 日本語に訳しましょう。

1 È necessario prenotare per vedere "l'Ultima Cena" di Leonardo.

2 In Lombardia si consuma più riso che pasta, e più burro che olio.

アントニオ：それで、ルイーザ、今朝はどんなふうに過ごしたの？

ルイーザ：ドゥオーモに行ったのよ！　先生がおっしゃっていたわ。ミラノのドゥオーモはゴシック様式建築のすばらしい見本ですって。

アントニオ：てっぺんまで上ったのかい？

ルイーザ：ええ、でもまさか歩いてじゃないわよ！　エレベーターに乗ったの。そして素敵な眺めも楽しんだわ。

アントニオ：きっとガレリアにも行ったに違いないよね！

ルイーザ：もちろん！　楽しい散策をしたわ。あそこは素敵なお店やレストランやバールがあるのね。今流行の靴を買って、ボーイフレンドのダニエーレにはキーリングを選んだわ。ちょっと、散財しちゃった。それで、これからどこに行くの？　どんないい所に連れて行ってくれるの？

アントニオ：君を森に連れて行きたいと思ってるんだけどな。でもただの森じゃないよ。「垂直の森」っていうんだ。

ルイーザ：なんて変な名前なの！　森が垂直なんて、どうやってあり得るわけ？

アントニオ：実際は本当の森じゃないのさ！　2つの高いビルでできている住宅複合施設なんだ。この2つのビルが、建物の表面に木や葉の茂みの小さな森を生やしているんだ。それで「垂直の森」っていう名前なんだよ。

ルイーザ：うーん、それほど特別なことはなさそうだけど。これまででもベランダに植物を置いているマンションなんていくらでもあるわ。普通のビルとどう違うっていうの？

アントニオ：「垂直の森」はその植物がものすごくたくさんで、普通のビルにあるのよりずっと多いんだよ。で、植物は建物と完全に一体化してるんだ！　表面を植物で覆われてることは、町の騒音や、大気汚染やストレスや悪天候からよりうまく隔離してくれているんだよ！　同時に鳥や虫たちにも自然の安らぎの場所を与えてあげているんだ。

ルイーザ：あなたの話を聞いて興味がわいてきたわ！

アントニオ：本当に、見るべきだと思うよ！　それにすごくおしゃれだし！

ルイーザ：さあ、行きましょうよ！　見たくてたまらないわ！

6 TRENTINO-ALTO ADIGE

トレンティーノ＝アルト・アディジェ州

ボルツァーノの広場

ABITANTI
1.077.932

SUPERFICIE
13.604,72 KM²

CAPOLUOGO
TRENTO

Merano •

• Bolzano

TRENTO
■

Trentino（トレント自治県）と Alto Adige（ボルツァーノ自治県）を結んだ名称である。後者の領域は「南ティロル」を意味するドイツ語でも呼ばれる。ドロミーティ（Dolomiti）はアルプス東部に属する山地でヴェネト州にもまたがり、最高峰はマルモラーダ（Marmolada, 3343m）。有名な谷も多い。スキーのほか、長距離遊歩道を行くハイキングや、ロッククライミングのメッカでもある。

イタリア在住のあやかは、この州を旅行中にレンツォに話しかけられます。彼の話に登場したおかしな名前のお菓子、名前の意味は？

RENZO: Sei qui per turismo?

AYAKA: Sì! Sono venuta in vacanza in Trentino-Alto Adige. E tu?

RENZO: Io abito qui da circa cinque anni, ma sono di vicino Milano. Non mi piacciono le metropoli[1] e ho sempre voluto vivere a contatto con la natura. Un bel giorno ho preso coraggio e ho deciso di cambiare vita!

AYAKA: Abiti qui? Sei molto fortunato. Qui è un vero paradiso!

RENZO: Sì, lo è! La Val di Non[2] è il mio paradiso! Anche se coltivare mele è un mestiere molto duro.... Sai, questa regione è famosa per lo strudel di mele.

AYAKA: Ma ^{G1} io credevo che lo strudel fosse un dolce tipico austriaco.

RENZO: Appunto! Il Trentino-Alto Adige ha un rapporto stretto con l'Austria. Fino alla Prima Guerra Mondiale è stato un territorio dell'Impero austro-ungarico[3]!

AYAKA: Sembra una storia piuttosto complicata, ma avevo notato qualcosa quando sono arrivata alla stazione! Ho visto due nomi sui cartelli: Bolzano e Bozen. Il secondo è tedesco, vero?

RENZO: Esatto! Qui si parlano sia il tedesco che l'italiano.

AYAKA: Tra tutte le regioni italiane, il Trentino-Alto Adige sembra davvero molto particolare! Io amo la montagna, quindi sono venuta per fare escursioni[4] sulle Dolomiti[5]. Ma, oltre alla natura, ci saranno ancora tante cose da scoprire!

RENZO: **E2** Hai voglia! Quanto tempo ti fermi in Trentino?

AYAKA: Sono venuta precisamente per una settimana ma dopodomani già devo tornare giù a Roma, dove lavoro in un'agenzia turistica. E **G2** non ne ho molta voglia....

RENZO: Quindi hai già trascorso un bel po' di[6] tempo qui! Cosa ti è piaciuto di più?

AYAKA: La senti quest'aria frizzante[7] e profumata? **G1** Vorrei che questo profumo di alberi fosse dappertutto nel mondo!

RENZO: Capisco benissimo! Cosa hai mangiato di buono? Conosci lo smacafam? A me fa impazzire[8]!

AYAKA: No! Che cos'è?

RENZO: E' una torta salata, buonissima! "Smaca" **E1** vuol dire "calmare" e "fam" sta per "fame"! Se **G2** ne mangi un po' subito stai a posto!

---

1 metropoli: [女・単複同形]大都市　2 La Val di Non: ノン峡谷　3 Impero austro-ungarico: オーストリア・ハンガリー帝国　4 escursione: [女]ハイキング　5 Dolomiti: ドロミーティ。章扉 (p.37) の説明参照。　6 un bel po' di: かなりの　7 frizzante: ぴりっとした　8 A me* fa impazzire!:「僕は夢中だ！」(*使役表現だが、慣用的に a me あるいは mi [間接補語]を用いる。)

⟩ VERO o FALSO ⟨

1　È stato piuttosto facile per Renzo decidere di trasferirsi in Trentino-Alto Adige.

(　)

2　L'Austria è l'unico luogo famoso per lo strudel.　(　)

3　Il Trentino-Alto Adige è storicamente in stretta relazione con l'Austria.　(　)

4　A Bolzano si parlano l'italiano e il tedesco.　(　)

5　Ayaka è appena arrivata in Trentino-Alto Adige.　(　)

6　Ayaka non conosceva il significato di "smacafam".　(　)

➡ GRAMMATICA

1 接続法半過去の用法

① credere, pensare など主観を表す動詞が半過去の時、節の中の動詞は「接続法半過去」になります（他に、接続法大過去になる場合もあります）。fosse は essere の接続法半過去・三人称単数です。(→ p.88)

> Io **credevo che** lo strudel **fosse** un dolce tipico austriaco.
> シュトゥルーデルはオーストリア特産のお菓子だと私は信じていた。

② vorrei は volere の条件法現在。「～だったらいいのに」という希望を表し、che の節の中の動詞は「接続法半過去」になります。

> **Vorrei che** questo profumo di alberi **fosse** dappertutto nel mondo!
> この木々の良い香りが世界中のどこにでもあったらいいのに。

2 代名小詞 ne

① 〈di + 不定詞または名詞〉に代わる働きをします。(→ p.64)

> Non **ne*** ho molta voglia.
> あまりそれをやる気がしない。

> *前の文を受けて、di tornare の代わりをしている。「あまり帰りたくないなぁ」

② 〈量や数を表す単語を伴う名詞〉に代わり、「その量・数の ～」を表します。

> **Ne** mangi un po'.
> 君は少しそれ（smacafam）を食べる。

➡ ESPRESSIONI

1 vuol dire ...　「～という意味である」

> "Smaca" **vuol dire** "calmare".
> "Smaca" は "calmare"（鎮める）という意味である。

2 Hai voglia!　「もちろんたくさんあるよ！」［会話表現］

§ avere voglia di ...「～したい」とは別の意味の慣用表現です。

1 日本語に合うように、＿＿＿＿＿に1語を入れて文をつくりましょう。

1 君のことをオーストリア人だとばかり思っていたよ。

Credevo che tu ＿＿＿＿＿＿＿＿＿＿＿ austriaca.

2 君たちが僕の弟にもう少し優しくしてくれるといいんだけど。

Vorrei che voi ＿＿＿＿＿＿＿＿＿＿＿ più gentili con mio fratello.

3 そこに行くには車でも公共交通機関でも便利だ。

È comodo andarci ＿＿＿＿＿＿ con la macchina ＿＿＿＿＿＿ con i mezzi pubblici.

2 日本語に合うように、[　　]の単語をすべて使って並べ替え文をつくりましょう。
動詞と形容詞は適切な形にしましょう。

1 君はこの料理が気に入ったかい？
[piatto, piacere, questo, ti, essere]

＿＿＿＿＿＿＿＿＿＿＿＿＿＿＿＿＿＿＿＿＿＿＿＿＿＿＿＿＿＿ ?

2 私は今夜はあまり勉強する気が起こらない。
[molto, stasera, studiare, di, avere, voglia, non]

＿＿＿＿＿＿＿＿＿＿＿＿＿＿＿＿＿＿＿＿＿＿＿＿＿＿＿＿＿＿

3 君はどんな素敵な物を買ったの？
[bello, comprare, cosa, avere, di]

＿＿＿＿＿＿＿＿＿＿＿＿＿＿＿＿＿＿＿＿＿＿＿＿＿＿＿＿＿＿ ?

4 「君は1日何本たばこを吸うの？」「20本ほど。」
[fumare, fumare, sigarette, al giorno, ne, una ventina, quante]

＿＿＿＿＿＿＿＿＿＿＿＿＿＿＿＿＿＿ ?　—　＿＿＿＿＿＿＿＿＿

3 日本語に訳しましょう。

1 Non immaginavo che ci fossero le terme* a Merano.   *terme: 温泉

＿＿＿＿＿＿＿＿＿＿＿＿＿＿＿＿＿＿＿＿＿＿＿＿＿＿＿＿＿＿＿＿＿＿＿

2 I turisti non si aspettavano che i mercatini di Natale di Bolzano fossero così
piacevoli.

＿＿＿＿＿＿＿＿＿＿＿＿＿＿＿＿＿＿＿＿＿＿＿＿＿＿＿＿＿＿＿＿＿＿＿

レンツォ：君は旅行で来てるの？

あやか：そうよ。トレンティーノ＝アルト・アディジェには休暇で来たの。あなたは？

レンツォ：僕はここに住んで5年ほどなんだけど、ミラノの近くの出身なんだ。大都会は好きじゃなくて、自然と触れ合って生活したいとずっと思っていたんだ。それである日一念発起して生活を一変させる決心をしたんだよ。

あやか：ここに住んでいるの？ それはすごく恵まれているわね。ここは本当に天国そのものですもの！

レンツォ：そう、その通りだよ。ノン峡谷が僕の天国だ。リンゴの収穫っていうのは過酷な職業ではあるけどね。この州はリンゴのシュトゥルーデルで有名なんだよ。

あやか：私はシュトゥルーデルはオーストリアが地元のお菓子だと思っていたけど。

レンツォ：そこなんだよ！ トレンティーノ＝アルト・アディジェはオーストリアと強いつながりがあるんだ。第一次世界大戦まではオーストリア・ハンガリー帝国の領土だったんだ。

あやか：かなり複雑な歴史がありそうね。でも駅に着いた時、気がついたことがあるわ。標識に2つの名前が出ているのを見たの、ボルツァーノとボーゼンって。ボーゼンの方はドイツ語よね？

レンツォ：そうだよ！ ここではドイツ語もイタリア語も話すんだ。

あやか：イタリアの全部の州の中で、トレンティーノ＝アルト・アディジェ州って本当にすごく特別みたいね！ 私は山が大好きで、ドロミーティでハイキングするために来たの。だけど、自然の他にもまだまだたくさん発見がありそうね！

レンツォ：もちろんいっぱいあるよ！ トレンティーノにはどれぐらいいるの？

あやか：きっかり1週間なんだけど、あさってにはもうローマに帰らないといけないのよ。旅行会社で働いているの。でも帰りたくないなぁ。

レンツォ：じゃあ、もうすでにかなりの間ここにいるんだね！ 何が一番気に入った？

あやか：この良い香りのするぴりっとした空気、感じるでしょう？ この木々の良い香りが世界中のどこにでもあったらいいのに。

レンツォ：すごくよくわかるよ！ で、どんなおいしいものを食べた？ ズマカファムって知ってる？ 僕は最高に好きだな！

あやか：知らないわ、何それ？

レンツォ：塩味のきいたタルトで、すごくおいしいんだ。「ズマカ」は「カルマーレ（鎮める）」っていう意味、「ファム」は「ファーメ（空腹）」のこと！ これを少し食べれば、たちまちおなかの虫も落ち着くってわけさ！

7 VENETO

ヴェネト州

ヴェネツィアのカナル・グランデ（大運河）

| ABITANTI |
| **4.854.633** |
| SUPERFICIE |
| **18.345,37** KM² |
| CAPOLUOGO |
| **VENEZIA** |

Treviso
Vicenza
Verona
■ **VENEZIA**
Padova

ヴェネツィアやヴェローナに加え、パッラーディオ（Andrea Palladio）作の建造物やヴィラが点在するヴィチェンツァ、ジョット（Giotto）やドナテッロ（Donatello：15世紀の彫刻家）の作品を有し高名な大学のあるパドヴァなど、数々の豊かな文化都市を有する。工業も発達しており、日本でもおなじみの De'Longhi や Benetton はトレヴィーゾで誕生した。

ヴェネツィアを象徴する祝祭カーニヴァル。2020年、このイベントが最高潮に達していたとき、突然の中止を余儀なくされました。

Cosa caratterizza Venezia come una città unica al mondo? Certamente il Canal Grande[1] e gli innumerevoli canali che si estendono come un labirinto[2]; le gondole che vanno e vengono; gli splendidi palazzi che ricordano la vita degli aristocratici[3].... E ovviamente il Carnevale: l'evento veneziano per eccellenza[4]!

L'8 febbraio 2020, fastoso come tutti gli anni, il Carnevale è iniziato, ma con una passione più intensa del solito. (G2) Nell'autunno precedente l'acqua alta[5] aveva causato grandi danni alla città e il Carnevale 2020 doveva essere ad ogni costo un gran successo, soprattutto per (G3) dimostrare al mondo che la città si era ripresa dal disastro.

Il programma proseguiva senza problemi, giorno dopo giorno, e cittadini e turisti si divertivano indossando vari costumi. Tra le maschere carnevalesche, quella del "medico" è una delle più conosciute, perché (G1) Venezia, nella storia, è stata spesso colpita dalla peste[6] e i medici affrontarono l'epidemia proprio indossando una particolare maschera. Il lungo naso di questa maschera, a forma di becco[7] di uccello, era riempito con piante medicinali, e gli occhi erano protetti dal famoso vetro veneziano!

Mentre i vari appuntamenti del Carnevale 2020 andavano avanti, tra gli spettatori, apparivano sempre più

Medico medievale italiano

persone con una "mascherina[8]", non più con la "maschera". Cominciavano purtroppo ad arrivare le prime notizie del COVID-19. La pandemia minacciava[9] anche Venezia, il Veneto e l'Italia, e il 23 febbraio fu annunciata la sospensione del Carnevale, a soli due giorni dal gran finale. All'improvviso la fisionomia[10] della città cambiò: a Piazza San Marco, sul Ponte di Rialto e in ogni "calle[11]" **E1** non c'era più un'anima viva.

Anche nel 2021, **G1** il Carnevale è stato sospeso. Venezia, come altre città italiane e del mondo, ha perso un enorme numero di vite umane a causa del Corona Virus. Un filo di speranza si ripone[12] nei vaccini ma la soluzione definitiva sembra ancora lontana....

Quando il Carnevale di Venezia tornerà a riempire le sue piazze, e invece delle "mascherine" si vedranno di nuovo le bellissime "maschere", **G3** potremo dire che il COVID è stato sconfitto[13], e il Carnevale veneziano sarà nuovamente un simbolo di rinascita.

---

1 Canal Grande: 大運河　**2** labirinto: 迷路　**3** aristocratico: 貴族　**4** per eccellenza: まさにそう呼ぶべき、代名詞的存在の　**5** acqua alta: 高潮　**6** peste: ペスト　**7** becco: くちばし　**8** mascherina: マスク　**9** minacciare: 脅かす　**10** fisionomia: 様相　**11** calle: (特にヴェネツィアの)路地　**12** riporre in...: 〜に(期待を)かける　**13** sconfitto: sconfiggere (打ち負かす)の過去分詞

⟩ VERO o FALSO ⟨

1　Nell'autunno del 2019 Venezia ha subito dei danni dall'acqua alta.　(　)

2　Il Carnevale 2020 è iniziato con ritardo a causa del COVID-19.　(　)

3　Il naso della maschera del medico è come un becco di uccello.　(　)

4　Fino alla sospensione del Carnevale non c'era nessuna paura per la pandemia tra gli spettatori.　(　)

5　Il Carnevale 2020 è stato sospeso proprio l'ultimo giorno.　(　)

6　Il Carnevale 2021 si è tenuto nonostante il COVID.　(　)

➼ GRAMMATICA

1 受動態 ── 近過去の場合

助動詞は essere のみで venire は使えません。stato の語尾は主語の性・数に一致します。(→ p.28)

Anche nel 2021, il Carnevale **è stato sospeso**.
2021年も、カーニヴァルは中止された。

Venezia **è stata** spesso **colpita** dalla peste.
ヴェネツィアはたびたびペストに打ちのめされた。

2 直説法大過去

「過去よりも前の過去」を表します。

Nell'autunno precedente l'acqua alta **aveva causato** grandi danni alla città.
前年の秋、高潮が町に甚大な被害をもたらしていた。

3 接続詞 ── 名詞節を導く che

接続詞の che は「〜ということ」という節を導く役割があります。

dimostrare al mondo **che** la città si era ripresa dal disastro
町が災害から立ち直ったことを世界に示す

Potremo dire **che** il COVID è stato sconfitto.
我々は、COVID が制圧されたと言うことができるだろう。

➼ ESPRESSIONI

1 non c'è un'anima viva 「人っ子ひとりいない」

In ogni calle **non c'era** più **un'anima viva**.
どの路地にももう人っ子ひとりいなくなった。

▶ RUBRICA ◀

シェイクスピアのかの有名な悲劇はヴェローナが舞台。*Romeo e Giulietta* は、1530年頃に出版されたヴィチェンツァの戯曲家ルイージ・ダ・ポルト（Luigi da Porto）作の物語が元になっています。「ジュリエットの家（Casa di Giulietta）」は世界中から観光客が訪れます。

➡➡ Esercizi

1 例にならい、受動態にしましょう。その文を日本語にしましょう。

例 Quella ditta ha realizzato il nuovo sistema di riscaldamento.

➡➡ Il nuovo sistema di riscaldamento è stato realizzato da quella ditta.
新しい暖房システムが、その会社によって開発された。

1 La dottoressa Vitali ha curato tanti malati.

_____

2 I poliziotti hanno arrestato quell'uomo per un furto.

_____

3 Il Primo Ministro ha chiamato tutti i Ministri.

_____

2 日本語に合うように文をつくりましょう。

1 正午には私たちはすでに昼食を済ませていた。[pranzare]

A mezzogiorno _____ già _____

2 外国人学生たちは去年すでに日本に来ていた。

L'anno scorso gli studenti stranieri _____ già _____ in Giappone.

3 che が関係代名詞なら A、接続詞なら B をかっこに入れ、文を日本語にしましょう。

1 Il Governo deve dimostrare ai cittadini che a breve la situazione finanziaria andrà meglio. (　　)

_____

2 Ci sono tanti cittadini che si preoccupano per il futuro. (　　)

_____

3 Sono stati salvati i cittadini che hanno perso la casa. (　　)

_____

ヴェネツィアを世界でただひとつの町と特徴づけるものは何でしょう。確かに、大運河（カナル・グランデ）や迷路のように広がる無数の運河があるし、行き交うゴンドラ、貴族の生活を彷彿とさせる壮麗な宮殿も……。そしてもちろん、カーニヴァル！　ヴェネツィアの代名詞的イベントです。

　2020年2月8日、例年と同様カーニヴァルが華々しく始まりましたが、それに注がれる情熱は例年以上に強烈でした。前年の秋、高潮が町を襲って甚大な被害をもたらしていて、2020年のカーニヴァルは、とりわけ町が災害から立ち直ったことを世界に示すために、何としても大成功でなければならなかったのです。

　プログラムは日を追って順調に進行していき、市民や観光客はさまざまな衣装を身につけて楽しんでいました。カーニヴァルの仮面の中で、医者の仮面は最もよく知られたもののひとつです。というのは、歴史上ヴェネツィアは何度もペストに見舞われており、医者たちはまさに特別な仮面をつけて疫病に立ち向かっていたのでした。この仮面の長い鼻の部分は鳥のくちばしの形をしていて、そこには薬草が詰められていました。目の部分は、有名なヴェネツィアガラスで保護されていたのです！

　カーニヴァル2020のさまざまな行事が行なわれていくうち、観客の中に、仮面ではなくマスクをつけた人が次第に現れてきました。不幸なことに、COVID-19にまつわる最初のニュースが届き始めていたのです。パンデミックの脅威がヴェネツィアに、ヴェネト州に、イタリアに忍び寄っていました。そして2月23日、グランフィナーレまで2日を残すのみという時点で、カーニヴァルの中止が発表されました。突如、町の様相は一変しました。サン・マルコ広場にもリアルト橋にも、そしてあらゆる路地にも、人っ子ひとりいなくなりました。

　2021年も、カーニヴァルは中止になりました。ヴェネツィアは、イタリアや世界の他の都市と同様、コロナウイルスによっておびただしい数の人命を失いました。ワクチンに一縷の望みが託されているものの、決定的な解決にはまだほど遠いようです。

　カーニヴァルがあちこちの広場に賑わいを取り戻し、マスクではなく美しい仮面が再び見られるようになった時、私たちは、COVIDに打ち勝ってヴェネツィアのカーニヴァルがもう一度再生の象徴になったのだと言えるのでしょう。

8 FRIULI-VENEZIA GIULIA

フリウリ゠ヴェネツィア・ジュリア州

トリエステのミラマーレ城

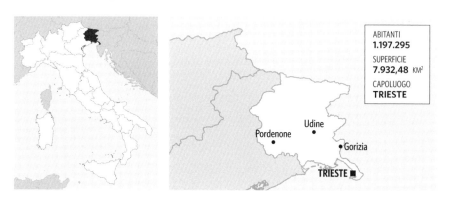

ABITANTI
1.197.295
SUPERFICIE
7.932,48 KM²
CAPOLUOGO
TRIESTE

Pordenone •   Udine •

Gorizia •

TRIESTE ■

州名は、この州に含まれる地方 Friuli と Venezia Giulia を結んでいる。アドリア海 (Mare Adriatico) ヴェネツィア湾に面する。Friuli はウーディネ（Udine）、ポルデノーネ（Pordenone）の2県とゴリツィア県（Gorizia）の一部、Venezia Giulia にあたるのが Gorizia の残部とトリエステ県。現在、境を接する国はオーストリアおよびスロヴェニア。

ゼミの教授が研究室で学生の聡と直美にパニーノをご馳走しています。
トリエステの意外な高級食材、飲み物、そして歴史とは？

SATOSHI: Com'è buono questo panino! Dentro c'è il prosciutto di Parma!

PROFESSORESSA: No. È quello di San Daniele. **G1** Non l'avete mai sentito nominare? È una marca abbastanza famosa.

SATOSHI: Come no! **G2** Si dice che sia uno dei migliori prosciutti del mondo! Ma io credevo che anche "San Daniele" fosse una ditta di Parma.

PROFESSORESSA: E invece no! "San Daniele" è una ditta di Trieste, capoluogo della regione Friuli-Venezia Giulia.

SATOSHI: **E1** Dove si trova questa regione? Forse vicino a Venezia?

PROFESSORESSA: Sì, il Friuli-Venezia Giulia è situato nell'Italia del Nord-Est. Perciò storicamente, fin dal Medioevo, ha avuto un rapporto piuttosto stretto con la Repubblica di Venezia[1].

SATOSHI: Professoressa, mi scusi, ma stiamo pranzando. Possiamo continuare la lezione dopo pranzo? Altrimenti mi soffoco[2] con il panino!

NAOMI: A me interessa Trieste! Ho letto anche il libro di Atsuko Suga. Trieste deve essere proprio una bellissima città!

PROFESSORESSA: Certo! Allora ve ne parlerò brevemente. Nell'Ottocento, Trieste era parte dell'Impero austro-ungarico[3]. Solo nel 1918, alla fine della Prima Guerra Mondiale, **G3** Trieste entra a far parte dello Stato italiano. Dopodiché, durante la Seconda Guerra Mondiale, viene occupata dall'esercito[4] iugoslavo[5]. Dopo la guerra, Trieste diventa territorio libero dell'ONU, fino al 1954. Sapete che cosa è l'ONU?

NAOMI: L'Organizzazione delle Nazioni Unite!

PROFESSORESSA: Brava, Naomi! Dunque, nel 1954 Trieste torna all'Italia, mentre una parte della sua provincia è assegnata[6] alla Jugoslavia.

NAOMI: Ma ora la Jugoslavia non c'è più!

PROFESSORESSA: Infatti. Si è divisa in alcuni stati indipendenti. Perciò oggi anche quella parte della provincia di Trieste appartiene all'Italia. Dunque, ora vi preparo un bel caffè. Ma guardate questo barattolo[7].

SATOSHI: Illy. È una marca famosa! So che si può comprare anche in Giappone. Ho visto quel barattolo in un negozio di alimentari di importazione[8].

NAOMI: Anch'io lo conosco! Una volta sono stata al caffè Illy, in centro.

PROFESSORESSA: Allora sapete anche che Illy è una ditta di Trieste?

SATOSHI: Professoressa, ormai siamo quasi triestini!

---

1 la Repubblica di Venezia: ヴェネツィア共和国　2 soffocarsi: 窒息する　3 Impero austro-ungarico: オーストリア・ハンガリー帝国　4 esercito: 軍　5 iugoslavo: ユーゴスラヴィアの　6 assegnare: 割り当てる　7 barattolo: 缶　8 importazione: 輸入

⟩ VERO o FALSO ⟨

1　San Daniele è una ditta di Parma.　　　　　　　　　　　　　　(　)

2　Satoshi non vede l'ora di imparare la storia di Trieste.　　　　(　)

3　Fino al 1918 Trieste non era parte dello Stato d'Italia.　　　　(　)

4　L'ONU è il nome abbreviato dell'Organizzazione delle Nazioni Unite.　(　)

5　Nel 1954 Trieste finalmente torna all'Italia con tutta la sua provincia.　(　)

6　Sia Satoshi che Naomi conoscevano la marca Illy.　　　　　(　)

➥ GRAMMATICA

1 近過去の用法 ── 直接補語を伴う場合

近過去の助動詞が **avere** の時、その活用形が発音上すべて母音で始まるため、直接補語 **lo** と **la** は **l'** になります。過去分詞は直接補語の性・数に一致して語尾変化します。

Non *l'avete* mai *sentito* nominare?

あなたたちはその名前を聞いたことがないですか？

     * l' = lo = San Daniele. 男性単数なので、過去分詞の語尾は -o のまま。

2 接続法現在の用法

主観を表す動詞のほか、**si dice che ...**「～と言われている」の節の中では接続法を用いることが多いです。

Si dice che *sia** uno dei migliori prosciutti del mondo!

それは世界最高のハムの1つと言われていますよね！

     *sia は **essere** の接続法現在。三人称単数。

3 直説法現在の用法

歴史の叙述では、過去のことであっても現在形を用いることがあります。

Nel 1918 Trieste *entra* a far parte dello Stato italiano.

1918年、トリエステはイタリア国家の一部となる。

➥ ESPRESSIONI

1 Dove si trova? 「（それは）どこにありますか？」

trovarsi は再帰動詞で「～にある」の意。本文のように主語を用いる場合、疑問詞で始まるため主語は動詞の後ろに置きます。

Dove si trova questa regione?

この州はどこにありますか？

Cf. Il Castello di Miramare *si trova* a 6 chilometri dalla stazione.

ミラマーレ城は駅から6キロの所にある。

➻➻ ESERCIZI

1 例にならい、_____ に1語を入れて現在形の答えの文を完成しましょう。次に、**ieri** を伴う近過去にしましょう。

例 Incontri spesso Luigi ?　　— Sì, ___lo___ incontro spesso al bar.
➻➻ Ieri hai incontrato Luigi ?　　— Sì, l'ho incontrato al bar.

1　Prendi la medicina per il mal di testa?　　— Sì, _____ prendo ogni tanto.
　_____ ?　　— Sì, _____

2　Ragazzi, leggete il giornale?　　— Sì, _____ leggiamo ogni giorno!
　Ragazzi, _____ ?　　— Sì, _____

3　Vedi la fidanzata di Franco?　　— No, a scuola non _____ vedo.
　_____ ?　　— No, a scuola non _____

2 例にならい、**si dice che** で始まる文に書き換えましょう。

例 Gli italiani sono allegri.
➻➻ Si dice che gli italiani siano allegri.

1　Oggi i bambini non giocano all'aperto.

　_____

2　Molti anziani hanno qualche problema fisico.

　_____

3　Gli ingegneri stanno organizzando un nuovo progetto.

　_____

3 指示された文を従属節として、「私は〜と思っていなかった」などの文をつくりましょう。いずれもこの州に関する内容です。

1　Nel Friuli-Venezia Giulia ci sono tanti vini famosi.
　Non credevo che _____

2　C'è l'influenza della cultura dei Longobardi.
　Non pensavo che _____

3　A Trieste si può godere di tanti caffè eleganti e tradizionali.
　Non immaginavo che _____

聡：このパニーノ、なんておいしいんだろう！　パルマの生ハムが入ってる！

教授：いいえ、サン・ダニエーレの生ハムよ。聞いたことがあるんじゃないですか？　かなり有名なブランドだから。

聡：もちろんです！　世界最高のハムのひとつと言われていますよね！　でも僕は、サン・ダニエーレもパルマの会社だと思っていました。

教授：いいえ、そうではなくて、サン・ダニエーレはトリエステの会社ですよ。フリウリ゠ヴェネツィア・ジュリア州の州都の。

聡：その州ってどこにあるんですか？　たぶん、ヴェネツィアの近くでしょうか？

教授：ええ、フリウリ゠ヴェネツィア・ジュリアはイタリアの北東部に位置しています。ですので、中世から、歴史的にヴェネツィア共和国と相当強い関係があるのです。

聡：先生、すみません、僕たちランチを食べているところです。授業は食べ終わってからにしていただけますか？　でないと僕はパニーノがのどに詰まっちゃいそうです！

直美：私はトリエステに興味があります！　須賀敦子さんの本も読んだし、トリエステって本当にすごく素敵な町に違いないわ！

教授：もちろん！　それでは簡単に話しますね。19世紀、トリエステはオーストリア・ハンガリー帝国の一部でした。1918年になってようやく、第一次世界大戦の終結時に、イタリア国家の一員になるのです。その後、第二次世界大戦の間、ユーゴスラヴィア軍に占領されます。そして戦後、トリエステは1954年までONU（オヌ）管理下の自由領域になります。ONUは何か知っていますか？

直美：国際連合！

教授：直美、よくできました！　さて、1954年にトリエステはイタリアに戻ったわけですが、その県の一部はユーゴスラヴィアに割譲されてしまったのです。

直美：でも、今はもうユーゴスラヴィアってありませんよね！

教授：その通り。いくつかの独立国に分かれましたからね。それで今日、トリエステ県のその一部というのもイタリアに属するようになったのです。さて、今からおいしいコーヒーを淹れてあげましょうか。でもちょっとこの缶を見てごらんなさい。

聡：イリーだ！　有名なメーカーですよね！　日本でも買えるって知ってます。僕、輸入食品の店でその缶を見たことがあります。

直美：私もイリー知っています！　一度、繁華街のイリーのカフェに行ったことがあるわ。

教授：じゃあ、イリーがトリエステの会社だってことも知ってる？

聡：先生、僕たち、もうほとんどトリエステ人ですね！

9 EMILIA-ROMAGNA

エミリア・ロマーニャ州

ボローニャ市街地のアーケード

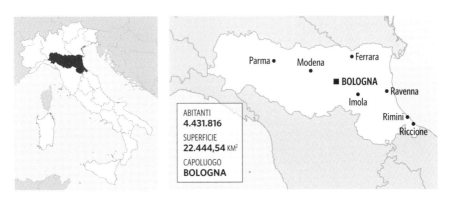

ABITANTI
4.431.816
SUPERFICIE
22.444,54 KM²
CAPOLUOGO
BOLOGNA

Parma • Modena • Ferrara
■ BOLOGNA
• Imola • Ravenna
Rimini •
Riccione

エミリアは州西部と中部、ロマーニャは州東部。肉加工品やチーズなどの食品産業が発達し、フェラーリ（Ferrari）など自動車産業も有する豊かな州。パルマ、モデナ、フェッラーラなどはルネサンス文化の繁栄を今にとどめる。一方、16世紀初頭には、高名な女性君主カテリーナ・スフォルツァ（Caterina Sforza）のいたイーモラを含め、一帯がチェーザレ・ボルジア（Cesare Borgia）に征服された。

日本人の父と休暇について話す娘。例年は家族で母の故郷ボローニャで過ごしますが、今年は少し違う趣向のようです。さらに話は思わぬ方向に。

MARIA: Papà, per le vacanze andiamo dai nonni a Bologna?

PAPÀ: Già! I nonni certamente ci ospiteranno, come tutti gli anni.

MARIA: Sono molto fortunata ad avere nonni sia italiani che giapponesi!

PAPÀ: Sì, Maria, anch'io mi sento fortunato ad aver sposato la tua mamma e di avere parenti in Italia. Soprattutto in Emilia-Romagna, una regione... gastronomica[1]!

MARIA: Sì, ma oltre a Bologna ci sono anche altre città più piccole ma ugualmente famose!

PAPÀ: Certo! L'Emilia-Romagna vanta[2] un'immensa[3] cultura. Innanzitutto c'è l'Università di Bologna, tra le più antiche del mondo e tra le più prestigiose in Europa.

MARIA: [G1] È l'università da cui si è laureata mamma! Anche tu, papà, [G2] ci hai studiato come studente straniero, giusto?

PAPÀ: Sì! In quel periodo studiavo storia dell'arte europea. Un giorno sono andato a Ravenna a vedere i famosi mosaici. Sono rimasto affascinato dalla loro bellezza e ho cominciato a studiare anche la cultura bizantina. Un giorno [E1] mi piacerebbe portarti a Ravenna ma quest'estate non avremo il tempo. Un mio amico che studia le opere di Verdi[4] verrà a Parma e dovrò fargli da guida....

MARIA: Papà, a Ravenna potremo andarci comunque, prima o poi. In ogni caso, quest'estate anche io non ho molto tempo. Ho un altro programma. Vorrei andare a Rimini.

PAPÀ: Rimini? Beh, anche Rimini è una bellissima città piena di arte, tradizione e cultura. **G2** La mamma ti ci porterà con la macchina.

MARIA: No, **G2** ci andrò per conto mio[5]. Ho degli amici che prenoteranno gli ombrelloni[6] e tutto quanto[7].

PAPÀ: Amici? Ombrelloni?

MARIA: Certo! Mi hanno detto che non si può passare per l'Emilia-Romagna senza fermarsi sulla riviera[8] romagnola. **G3** Di giorno si va al mare e di sera si va a ballare! Che bellezza!

PAPÀ: Ci andrai con la mamma....

MARIA: Con la mamma? Ma papà, figurati[9]! Anche tu e la mamma vi siete conosciuti in discoteca a Riccione[10]! Lei ha detto che tu hai insistito per ballare con lei!

PAPÀ: Io? È stata lei a insistere! E comunque io e la mamma avevamo ventiquattro anni, non certo quattordici come te!

---

1 gastronomico: 美食の   2 vantare: 誇る   3 immenso: 非常に広範な   4 Verdi, Giuseppe: ジョゼッペ・ヴェルディ（作曲家）   5 per conto mio*: 自分で、自力で（*mio の所に適切な所有形容詞 tuo や suo などを入れる）   6 ombrellone: ビーチパラソル   7 tutto quanto: 何もかも   8 riviera: 海岸   9 figurati!: とんでもない！   10 Riccione: リッチョーネ（ロマーニャ海岸にある人気のリゾート地）

> **VERO o FALSO** <

1 Il padre è contento di avere parenti in Italia. (　)

2 Maria andrà in vacanza in Italia con la madre ma il padre rimarrà in Giappone.

(　)

3 Il padre vuole portare Maria a Ravenna dove ha conosciuto la moglie. (　)

4 Maria insiste per andare a Rimini, per studiare la cultura. (　)

5 Il padre pensa che Maria sia troppo giovane per andare al mare con i suoi amici senza la mamma. (　)

6 I genitori di Maria erano maggiorenni quando si sono conosciuti. (　)

➡ GRAMMATICA

1 関係代名詞 cui

関係代名詞を使う文において先行詞が前置詞を伴う場合、〈**前置詞** + **cui**〉を用います。laurearsi da ... は「〜を卒業する」。前置詞 da を伴うので cui を用います。
（→ p.112）

> È l'università **da cui** si è laureata mamma!
> それはママが卒業した大学だ！

§ si è laureata：再帰動詞の近過去は助動詞に essere を用いる。過去分詞の語尾は主語の性・数に一致。ここでは mamma で女性単数。

2 代名小詞 ci

〈**a** + **名詞**〉の代わりをします。おもに場所を表す名詞で使われます。

① **Ci*** hai studiato.　　　　　　　　　　　　　　*ci = all'Università di Bologna
　あなたはそこで勉強した。

② La mamma ti **ci*** porterà.　　　　　　　　　　　*ci = a Rimini
　ママがおまえをそこに連れて行く。

③ **Ci*** andrò per conto mio.　　　　　　　　　　　*ci = a Rimini
　自分でそこに行くつもりだ。

3 si の用法 ── 非人称の si

主語を特定化せず、「誰でも」という意味で用いられます。目的語をとらない動詞のみに使われ、常に三人称単数です。

> Di giorno **si va** al mare e di sera **si va** a ballare!
> （誰もみんな）昼は海に行き、夜は踊りに行く！

➡ ESPRESSIONI

1 〈mi piacerebbe + 不定詞〉「〜できるといいんだけど」

望んでいるが実際には難しいことやできないことを表す場合が多いです。

> ... **mi piacerebbe** portarti a Ravenna ma ...
> おまえをラヴェンナに連れて行ってやれるといいんだが……

1 ci を使った答えの文をつくりましょう。

1 Domani andrete in ufficio? — Sì, _____

2 Sei mai stata in Italia? — Sì, _____ una volta.

3 Lei è mai stato a Bologna? — No, _____

2 前置詞 in, per, con, di, su のうちから適切なものをひとつ選んで文をつくり、日本語にしましょう。

1 C'è una scatola _____ cui la nonna conservava i suoi gioielli.

2 Mio marito non capisce la ragione _____ cui mi arrabbio con lui.

3 Abbiamo degli amici _____ cui a volte ceniamo insieme.

4 Questo è il foglio _____ cui l'artista ha lasciato la bozza.

3 非人称の si を使った文に書き換えましょう。

1 Qui tutti lavorano fino a tardi.

2 In questo paese viviamo tranquillamente.

3 In Emilia-Romagna mangiamo molto bene.

4 ボローニャのアーケードについての文です。日本語にしましょう。

A Bologna ci sono i portici più estesi del mondo: lunghi ben 35 chilometri! È comodo e piacevole passeggiare per la città senza essere disturbati dalla pioggia, dal sole e dal traffico.

娘：パパ、夏休みにはボローニャのおじいちゃん、おばあちゃんの所に行くの？

父：そうだな、もちろん例年のようにおじいちゃんたちの所にお世話になるだろう。

娘：イタリア人と日本人のおじいちゃんおばあちゃんがいるなんて、私はすごくラッキーだわ！

父：そうだね、マリーア、パパも、ママと結婚してイタリアに親類がいるのは幸運だと感じているよ。特にエミリア・ロマーニャのような、美食の州に。

娘：そうよね、ボローニャの他にも、小さいけれど同じように有名な町があるものね！

父：その通りだ！ エミリア・ロマーニャは非常に幅広い文化も誇りにしているんだよ。何と言ってもボローニャ大学がある。世界で最も古くヨーロッパで最も名声のある大学のひとつだからな。

娘：ママの卒業した大学ね！ パパも留学生として勉強したんでしょ？

父：そう、当時はヨーロッパ美術史を勉強していたんだ。だがある日、ラヴェンナにかの有名なモザイクを見に行った。その美しさに魅了されて、ビザンティン文化も研究するようになったんだ。いつかおまえをラヴェンナに連れて行ってやりたいけど、この夏は時間がないなぁ。イタリア滞在中に、パパの友だちでヴェルディのオペラを研究している人がパルマに来るんだ。案内をしてあげないといけないだろう。

娘：パパ、ラヴェンナなら遅かれ早かれ行けるわよ。それに、どっちにしてもこの夏は私もあまり時間がないし。別の予定があるのよ。リミニに行きたいと思ってるの。

父：リミニ？ そうか、リミニも芸術や伝統や文化がいっぱいのすばらしい町だからな。ママが車で連れて行ってくれるよ。

娘：そうじゃなくて、自分で行くのよ。ビーチパラソルや何もかも予約してくれる友だちがいるの。

父：友だち？ ビーチパラソル？

娘：そうよ！ エミリア・ロマーニャに来てロマーニャのビーチに行かないなんてあり得ないってみんなに言われたもの。昼間は海に行って夜は踊りに行くの！ 素敵でしょ！

父：ママと行けばいいだろう……。

娘：ママと？ 冗談じゃないわよ、パパ！ パパとママだってリッチョーネのクラブで知り合ったんでしょう！ パパが一緒に踊ってくれってしつこかったって、ママが言ってたわ！

父：俺が？ しつこく誘ってきたのは彼女だ！ とにかく、パパとママは24歳だったんだ、おまえみたいに14歳じゃない！

10 TOSCANA

フィレンツェのドゥオーモ（サンタ・マリア・デル・フィオーレ大聖堂）

Lucca
Prato
Pisa
■ FIRENZE
Arezzo
Siena

ABITANTI
3.676.285
SUPERFICIE
22.987,44 KM²
CAPOLUOGO
FIRENZE

ティレニア海（Mare Tirreno）に面し、海側は海岸沼地、内陸側は丘陵が特徴的。中世は、フィレンツェやシエナ、ピサなど都市同士の抗争が激しく、やがてフィレンツェの銀行家メディチ家（i Medici）が台頭、その経済力のもと、ボッティチェッリ（Botticelli）やミケランジェロ（Michelangelo）など芸術家、哲学者や文学者が活躍し、ルネサンス文化が花開いた。

研修でフィレンツェに来た日本人学生たちと、地元ガイドのルーカとの事前学習会。学生の私語から話は言語や文学に進みます。

LUCA: Il vostro professore mi ha detto che all'università in Giappone avete studiato la lingua e la cultura italiane per due anni interi! A questa nostra prima riunione ^{G2} vorrei farvi tante domande per testare la vostra preparazione. Perciò ^{G2} vi chiedo: conoscete Dante, vero? Qual è la sua opera più famosa?

CHIE: La "Divina Commedia"[1]!

LUCA: Esatto! Stamattina visiteremo proprio il Museo "Casa di Dante". È qui a Firenze, dove nacque "il sommo poeta"[2]. In centro c'è la casa.... Ehi! Voi due! Ma di che cosa state parlando a bassa voce? Avete qualche domanda da fare?

KEI: ^{G1} Ci scusi.... Sapevamo che i fiorentini pronunciano "hasa" invece di "casa", e adesso abbiamo appena capito che è vero.... Ci scusi!

LUCA: Ahahah! La nostra pronuncia è dunque famosa anche in Giappone! Sapevate anche che, tra tutti i dialetti, il fiorentino è stato storicamente indicato come "lingua italiana standard"?

CHIE: Sì, alla lezione di storia della lingua italiana abbiamo imparato anche l'espressione "risciacquare[3] i panni in Arno[4]".

LUCA: Brava! Sì, Firenze è il luogo d'origine della lingua italiana. Il fiorentino "volgare", cioè la lingua parlata anticamente a Firenze, venne usato nella *Divina Commedia*. E dopo Dante, altri poeti e letterati lo seguirono[5] in questa scelta. ^{G3} Ne conoscete qualcuno?

Dante Alighieri

CHIE: Petrarca! "Il Canzoniere"!

DAIGO: Il "Decameron"! Di Boccaccio!

LUCA: Avete studiato bene! E ditemi... avete letto tutte quelle opere in lingua originale?

CHIE: No, no, abbiamo letto l'antologia[6]. E per capire meglio, abbiamo letto la traduzione in giapponese con le note.

LUCA: Non male! Nella storia della letteratura italiana c'è un'altra figura molto importante, nel Cinquecento, e pure[7] lui è fiorentino. Sapete chi è? È un letterato, uno storico, un diplomatico....

DAIGO: Machiavelli! La sua opera è "Il Principe[8]"!

KEI: Io conosco solo il titolo. Tutte queste opere classiche sono troppo difficili! Sono così... lontane dal mio mondo....

LUCA: Può darsi. Ma ora invece sono vicinissime! Ora siete proprio qui a Firenze! Coraggio! In centro troverete la figura di Dante un po' dappertutto. ⒠ Riguardo agli altri personaggi, ci sono le loro belle statue davanti alla Galleria degli Uffizi[9]!

---

1 "Divina Commedia":『神曲』　2 "il sommo poeta": 詩聖（ダンテの換称）　3 risciacquare: ゆすぐ
4 Arno: アルノ川（トスカーナ州を流れる）　5 seguire: 踏襲する　6 antologia: 選集　7 pure: 〜も
8 "Il Principe":『君主論』　9 Galleria degli Uffizi: ウフィーツィ美術館

⟩ VERO o FALSO ⟨

1　Gli studenti non erano in grado di rispondere alle domande di Luca.　(　)

2　Quando Kei ha chiesto scusa, Luca si è arrabbiato.　(　)

3　Luca pensa che gli studenti non sappiano niente della letteratura italiana. (　)

4　Oltre a Dante, ci sono altri famosi letterati fiorentini.　(　)

5　Kei non è appassionato di letteratura classica italiana.　(　)

6　La figura di Dante si trova solo davanti agli Uffizi.　(　)

➥ **GRAMMATICA**

1 直接補語人称代名詞 （直接補語）

ci は「私たちを」、vi は「君たちを」を表します。

Ci scusi.
私たちを許してください。

*scusi は scusare「許す」の Lei に対する命令形。

2 間接補語人称代名詞 （間接補語）

ci, vi には間接補語「私たちに」「君たちに」の意味もあります。

Vi chiedo.
僕は君たちに尋ねるよ。

Vorrei far***vi*** tante domande.
君たちにたくさん質問したいと思う。

*mi と ti についても「直接補語」「間接補語」の両方がある。

3 代名小詞 ne

〈**di + 不定詞または名詞**〉に代わる働きをします。（→ p.40）

Ne conoscete qualcuno?
君たちは、そのうちの誰かを知っているかい？

* 前の文を受けて、**degli altri poeti e letterati**
「（ダンテに倣った）他の詩人や文学者たち」の代わりをしている。

➥ **ESPRESSIONI**

1 riguardo a〜 「〜に関しては」

Riguardo agli altri personaggi, ci sono le loro belle statue.
他の人物に関しては、彼らの素敵な像があるんだ。

▶ **RUBRICA** ◀

世界で最も有名な塔のひとつ、ピサの斜塔 (Torre pendente di Pisa)。16世紀から17世紀にかけて活躍した科学者ガリレオ・ガリレイ (Galileo) はピサで生まれ、ピサ大学でも教鞭をとりました。異端審問にかけられ、地動説を撤回せざるを得なかった彼がつぶやいたとされる言葉は、"Eppure si muove!"「それでも地球は回っている」。

64　トスカーナ州

➡➡ ESERCIZI

1 補語人称代名詞を用いて答えの文をつくりましょう。

1 Dove ci aspetti? — _____ alla stazione.

2 Mi aspettate qui? — Sì, ma _____ fino alle due.

3 Mi offri un caffè? — Sì, _____ un bel caffè!

4 Guido, che hai? Vuoi dirci qualcosa?

— Papà, Mamma, vorrei _____ una domanda.

2 日本語に合うように、[　　]の単語をすべて使って並べ替え文をつくりましょう。
動詞は正しい形にしましょう。

1 あの子たちは何を話しているんだ？
[bambini, stare, parlare, di, quei, che cosa]

_____

2 マリーアは私に、「一日中働いた」と言った。
[Maria, tutto, dire, lavorare, avere, avere, che, il giorno, mi]

_____

3 君たち、「パリオ」って何か知っていますか？
[il Palio, che cosa, sapere, essere]

_____

3 日本語に合うように、_____ に1語を入れて文をつくりましょう。本文に類似の表現があります。

1 名物に関しては、フィレンツェ風ステーキが有名だ。

_____ alle specialità, è famosa la bistecca alla fiorentina.

2 トスカーナには美しい町がたくさんあるよ。どこか知ってる？

In Toscana ci sono tante belle città. _____ conosci qualcuna?

3 私たちはヴィンチがフィレンツェ近くの町の名だと知らなかった。

Non _____ che "Vinci*" è il nome di un paese _____ a Firenze.

*Leonardo（レオナルド・ダ・ヴィンチ）の出生地。

ルーカ：日本で君たちは丸2年大学でイタリアの言語と文化を学んでいるって、君たちの先生がおっしゃっていたよ。で、この初めての学習会で、君たちの知識を試すためにいろいろ質問をしようと思うんだ。ダンテは知っているよね？　最も有名な作品は？

千恵：『神曲』です！

ルーカ：その通り！　今日の午前は、"「ダンテの家」博物館"に行くよ。「至高の詩人」が生まれたのがここフィレンツェで、町の中心地に家が……ちょっと、君たち2人！　さっきから何をこそこそ話してるんだ？　何か質問でも？

圭：すみません、フィレンツェの人は、「カーサ（家）」を「ハーサ」って発音するって聞いていて、今、ほんとにそうだってわかって……すみません！

ルーカ：ははは、僕らの発音は日本でも有名ってわけか！　でも、あらゆる方言の中で、フィレンツェの言葉が「標準イタリア語」として歴史的にも明らかにされているっていうのは知っていた？

千恵：はい、イタリア語史の授業で、「アルノ川で洗濯物をゆすぐ」という表現も習いました。

ルーカ：よく知ってるね！　そう、フィレンツェはイタリア語の起源の地だ。「俗語」のフィレンツェ言葉、つまり昔フィレンツェで話されていた言葉が、『神曲』で使われたんだ。ダンテに続く他の詩人や文学者たちも、彼に倣って同じ選択をした。どんな人がいるか知ってる？

千恵：ペトラルカ！『カンツォニエーレ』！

大悟：『デカメロン』はボッカッチョの作です！

ルーカ：よく勉強してるね！　ちょっと聞くけど、君たちはそういう作品を全部原書で読んだの？

千恵：いいえ、『選集』で読んだんです。それから、よくわかるように注釈付きの日本語訳を読みました。

ルーカ：たいしたものだ！　イタリア文学史には、もうひとり、非常に重要な人物が16世紀にいて、彼もフィレンツェ人なんだけど、誰かわかるかな？　文学者でもあり歴史家でもあり、外交官でもあり……

大悟：マキャヴェッリだ！　作品は『君主論』！

圭：僕はタイトルしか知らないな。そういう古典って、どれもこれも難し過ぎて！　ずっと遠い世界のものって感じ。

ルーカ：そうかもしれないけど。でも、今はすごく近くにいるじゃないか！　今、君たちは、ここフィレンツェにいるんだよ！　さあ、頑張って！　町なかにはあちこちにダンテの肖像が見つかるよ。他の人物たちだって、ウフィーツィ美術館の前に、彼らの素敵な像があるんだ！

11 UMBRIA

アッシジの聖フランチェスコ大聖堂

ABITANTI
859.572

SUPERFICIE
8.464,22 KM²

CAPOLUOGO
PERUGIA

PERUGIA ■
• Assisi
Foligno •
• Spoleto

Orvieto •

半島中央部に位置しており、中世の名残りの色濃い多彩な町が、豊かな緑に囲まれて点在する。伝統的なお祭りも魅力のひとつ。アッシジのカレンディマッジョ（Calendimaggio, Assisi）の優雅な中世の衣装や、フォリーニョの馬上槍試合（Giostra della Quintana, Foligno）の勇壮な雰囲気は、街のたたずまいと調和して、観る者をその時代へと誘ってくれるようだ。

豊かな緑と中世の雰囲気にあふれた州ですが、国際性も魅力のひとつ。世界に向けて開かれた2つの都市についての叙述です。

L'Umbria viene chiamata "il cuore verde d'Italia". È situata nel mezzo della penisola[1], ed è una delle poche regioni che non è bagnata dal mare. È circondata da montagne e colline e ha vari borghi medievali immersi[2] nel silenzio. **G1** Potrà sembrare una regione dal carattere chiuso e introverso[3] ma invece, no! Due città umbre fanno di questa regione un crocevia[4] mondiale.

PERUGIA — L'Università per Stranieri ha reso Perugia una città globale. Fondata nel 1925, è la più antica e prestigiosa istituzione[5] per stranieri. Ogni anno migliaia[6] di studenti stranieri vengono a Perugia per studiare la lingua e la cultura italiane. Oltre ai corsi accademici sono organizzate anche escursioni culturali. In Umbria ci sono, infatti, varie città affascinanti e facilmente accessibili in pullman. Una gita di una giornata sarà piacevole anche per i comuni turisti.

Secondo il sito dell'Università, il fondatore aveva costituito i corsi **E1** con lo scopo di diffondere in Italia e all'estero la conoscenza dell'Umbria. I corsi trattavano anche la civiltà etrusca[7]. Gli Etruschi, furono un popolo più antico dei Romani. A Perugia, proprio vicino all'Università per Stranieri, sorge l'Arco Etrusco.

ASSISI — È conosciuta in tutto il mondo come luogo di nascita di San Francesco[8]. I bellissimi affreschi dipinti da Giotto[9]

Papa Giovanni Paolo II

narrano vivacemente la sua vita e attirano gli appassionati d'arte da tutto il mondo, ma Assisi è una città globale anche per un altro motivo.

Nel 1986 Papa Giovanni Paolo II vi ha tenuto l'Incontro interreligioso di Assisi. **G2** Tutti i massimi rappresentanti delle chiese cristiane si sono radunati nella Basilica di San Francesco, con quelli di altre religioni, del Buddismo, dello Scintoismo[10], dell'Islamismo, ecc. Erano presenti anche il Dalai Lama e Madre Teresa di Calcutta[11].

La diversità della fede, causa spesso ostilità[12] e conflitti, per questo **G3** è significativo che diversi capi religiosi si siano riuniti per propagare[13] la pace. Assisi fu scelta come luogo in Italia più adatto alla preghiera proprio per il suo forte ruolo spirituale.

---

1 penisola: 半島　2 immerso: 沈んだ　3 introverso: 内向的な　4 crocevia:［男］十字路　5 istituzione: 機関　6 migliaia:［女複］数千　7 etrusco: エトルリアの　8 San Francesco: 聖フランチェスコ　9 Giotto: ジョット（画家、建築家）　10 Scintoismo: 神道　11 Madre Teresa di Calcutta: マザー・テレサ　12 ostilità: 敵対　13 propagare: 広める

⟩ VERO o FALSO ⟨

1 In Umbria ci sono città con mentalità aperta al mondo. 　　　　(　　)

2 L'Università per Stranieri di Perugia ha la tradizione più lunga tra tutte le scuole per stranieri. 　　　　(　　)

3 Non si possono raggiungere le città umbre senza la macchina. 　　　　(　　)

4 Assisi è una città spirituale e non ha famose opere d'arte. 　　　　(　　)

5 All'Incontro d'Assisi del 1986 tutti i principali religiosi hanno partecipato, tranne i buddisti. 　　　　(　　)

6 Non scoppia mai un conflitto tra i fedeli religiosi perché tutti si augurano la pace nel mondo. 　　　　(　　)

➡➡ GRAMMATICA

1 補助動詞 potere

「～できる」(可能) のほか、「～ということがあり得る」(可能性) を表します。

Potrà sembrare una regione dal carattere chiuso e introverso.
(ウンブリアは) 閉鎖的で内向的な性格の州に見えることがあり得るかもしれない。

*未来形により「推測」を表している。

2 再帰動詞の用法 — 近過去の場合

〈**再帰代名詞** + **essere の活用形** + **過去分詞**〉となり、過去分詞の語尾は主語の
性・数に一致します。なお、この文の再帰動詞 radunarsi は「お互いに～する」と
いう相互的用法です。

Tutti i massimi rappresentanti ***si sono radunati***.
すべての主だった代表者が集まった。

3 非人称構文

〈essere + 形容詞 + che + 主語 + 動詞 (接続法)〉

主語を明らかにした非人称構文で、che の節の中の動詞は接続法です。ここの時制
は接続法過去で、接続法現在を用いた同型の文もあります。(→ p.34)

È significativo che diversi capi religiosi si siano riuniti*.
異なる宗教の首長が集まったことは意義深い。

*riunirsi は再帰動詞の相互的用法。ここの時制は接続法過去。

➡➡ ESPRESSIONI

1 con lo scopo di ～ 「～という目的で」

Il fondatore aveva costituito i corsi ***con lo scopo di*** diffondere la conoscenza
dell'Umbria.
創設者は、ウンブリアについての知識を広めるという目的で講座をつくっていた。

▶ RUBRICA ◀

この州の国際性に寄与している世界的なイベント「ウンブリア・ジャズ」。夏はペルー
ジャで、冬はオルヴィエートで開催される世界有数のジャズ・フェスティバルです。ス
ポレートの「2つの世界の音楽祭 (Festival dei Due Mondi)」は演劇や舞踊も含めた芸術
の祭典。中世の趣ある街並みと多様なアートとの調和も魅力のひとつなのでしょう。

➡ ESERCIZI

1 potere の未来形を用いて日本語に合わせて文をつくりましょう。

1　部長は時々厳しすぎるように見えることがあるかもしれない。

Il direttore a volte ＿＿＿＿＿＿＿＿＿ sembrare troppo severo.

2　私たちはとても陽気に見えるかもしれない。

＿＿＿＿＿＿＿＿＿ sembrare molto allegri.

3　日本人学生は初めは少し引っ込み思案に見えるかもしれない。

Gli studenti giapponesi, all'inizio, ＿＿＿＿＿＿＿＿＿ sembrare un po' timidi.

2 例にならい、[　]に指示された動詞を正しい形にして ＿＿＿＿ に書きましょう。1 語とは限りません。その文を日本語にしましょう。

例　È importante che voi ＿＿＿＿＿＿ subito.　[partire]

➡ È importante che voi partiate subito.
　君たちがすぐに出発することが重要だ。

1　È necessario che il cibo e l'acqua ＿＿＿＿＿＿ a tutti.　[arrivare]

2　È significativo che ＿＿＿＿＿＿ rispettate tutte le idee.　[venire]

3　È impossibile che loro ＿＿＿＿＿＿ di noi.　[accorgersi]

3 日本語にしましょう。

Il Duomo di Orvieto è una delle chiese più belle in Italia. Dentro ci sono i famosi affreschi dipinti da Luca Signorelli, grande maestro del Quattrocento. Le sue opere erano così[1] innovative[2] da avere influenzato anche Michelangelo.

---

[1]così 〜 da: 非常に〜なので　　[2]innovativo: 革新的な

ウンブリアは「イタリアの緑の心臓」と呼ばれている。半島の中央に位置し、数少ない海のない州のひとつだ。山や丘に囲まれ、静寂に沈んだ中世の面影を残すさまざまな町がある。閉鎖的で内向きな性質の州ではないかと思いきや、そうではない。2つの都市が、この州を世界の十字路にしているのである。

　ペルージャ ── ペルージャ外国人大学が、この都市を国際都市にしている。1925年創立で、最古かつ最も高名な、外国人のための教育機関である。毎年、数千人の学生がイタリアの言語や文化を学ぶためペルージャにやって来る。学術的な授業に加えて、文化を学ぶ研修旅行も企画されている。実際、ウンブリアには、長距離バスで容易に行ける魅力的な都市がいろいろあるのだ。一般の旅行者にとっても、日帰り旅行は楽しいものだろう。

　大学のサイトによると、創設者は当初ウンブリアについての知識をイタリアや外国に広めるという目的で講座をつくったそうだ。講座はエトルリア文明も扱っていた。エトルリア人は、ローマ人よりさらに古い民族である。ペルージャには、まさに外国人大学のすぐそばに、エトルリア門がそびえている。

　アッシジ ── 聖フランチェスコの生誕の地として世界中に知られている。その生涯をいきいきと描いたジョットの手になるフレスコ画は、世界の美術愛好家を引きつける。だが、アッシジが世界的な都市である理由はそれにとどまらない。

　1986年、当時の教皇ヨハネ・パウロ2世が「アッシジ世界宗教者の集い」を開催した。キリスト教の主だった宗派のすべての代表者が、その他の宗教、仏教や神道、イスラム教などの代表者たちと共に、聖フランチェスコ大聖堂に集まった。ダライ・ラマやマザー・テレサの姿もあった。

　信教の違いは往々にして敵対や紛争を引き起こす。それゆえ、異なる宗教の首長が一堂に会して平和を唱えるのは意義深い。アッシジは、まさにその力強い精神的役割ゆえに、イタリアにおいて祈りに最もふさわしい場所として選ばれたのである。

12 MARCHE

マルケ州

ウルビーノのドゥカーレ宮殿

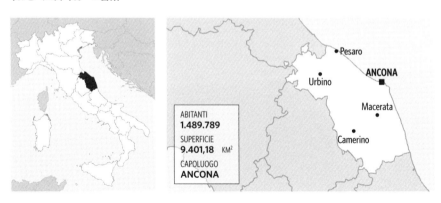

ABITANTI
1.489.789

SUPERFICIE
9.401,18 KM²

CAPOLUOGO
ANCONA

州都アンコーナは港湾都市で、起源は古代ギリシア時代にさかのぼる。州はアドリア海に面し、海岸の美しい海側の諸都市には、夏に多くの観光客が訪れる。内陸の小都市も、歴史と豊かな文化を有し、マチェラータやカメリーノは13世紀、14世紀創立の伝統ある国立大学を擁する。

豊かな文化を誇るマルケ州に生家を持つ2人の「有名人」が自己紹介、故郷についても話します。皆さん、誰だかわかりますか？

[**A**] Sono nato a Pesaro, chiamata "la città con quattro *emme*", cioè "mare, monti, musica e maioliche[1]". Io ho uno stretto legame con la terza emme, la musica, perché sono compositore di opere liriche. In estate, a Pesaro, si tiene un Festival col mio nome e per l'occasione si riuniscono appassionati da tutto il mondo.

So che in Giappone tantissimi amano l'opera lirica quindi sicuramente mi conoscerete. **G1** Credo che almeno una volta nella vita abbiate sentito qualche brano dalle mie opere, *Il Barbiere di Siviglia*[2], *La gazza ladra*[3], ecc. Ma qualcuno potrà dire: — A me non interessa la musica classica. **G3** Non ho mai guardato né sentito un'opera lirica! — Può darsi! Ma sono certo che anche queste persone avranno partecipato a una manifestazione sportiva[4] alla scuola elementare o media. In Giappone, in queste occasioni, viene spesso usata l'ouverture[5] della mia opera *Guglielmo Tell*[6]. Questo brano, ritmico e incalzante[7], è adattissimo ad accompagnare la gara di corsa. Perciò è familiare a molte generazioni, anche se pochi ne conoscono il titolo.

[**B**] Sono nato a Urbino. È una delle città riconosciute come la maggiore fra le sedi rinascimentali d'Italia. **E1** Mi permetto di dire che il mio nome è rinomato in tutto il mondo. Non me ne vorrei vantare, ma credo proprio di aver contribuito moltissimo al Rinascimento. Le mie tante "Madonne col Bambino[8]" affascinano non solo i cristiani ma anche gli amanti delle belle arti di ogni nazionalità.

Nel Palazzo Ducale, oggi chiamato "Galleria Nazionale delle Marche", ci sono le opere che ho dipinto quando ero molto giovane. Aggiungo, però, che questa galleria è piuttosto famosa anche per i capolavori di Piero della Francesca, pittore geniale[9] del Quattrocento. Infatti, la maggior parte dei miei capolavori si trova a Firenze e Roma. Nei Musei del Vaticano, è conservata "La Scuola di Atene[10]", forse il mio dipinto più celebre. Sapete che **G2** nel 2020 a Roma si è tenuta una grande mostra dedicata a me? Hanno commemorato il cinquecentesimo anniversario della mia morte! **G4** Tanta gente avrebbe dovuto visitarmi da tutta Italia e da tutto il mondo ma purtroppo non è andata così, a causa del COVID-19. Ne sono molto dispiaciuto, ma non perdo la speranza. I miei lavori e io non svaniremo così facilmente. Vi aspettiamo sempre, tra uno, cento, mille anni!

---

1 maiolica: 陶器　**2** *Il Barbiere di Siviglia*:『セビリアの理髪師』　**3** *La gazza ladra*:『泥棒かささぎ』
4 manifestazione sportiva: 運動会　**5** ouverture:［仏］前奏曲　**6** *Guglielmo Tell*:『ウィリアム・テル』
7 incalzante: せきたてるような　**8** "Madonna col Bambino":《聖母子》(本文では複数)　**9** geniale: 天才的な　**10** "La Scuola di Atene"《アテネの学堂》

⟩ **VERO o FALSO** ⟨　1, 2, 3は［**A**］、4, 5, 6は［**B**］

1　A Pesaro non c'è il mare.　　　　　　　　　　　　　　　（　　）

2　Questo personaggio organizza un Festival.　　　　　　（　　）

3　L'ouverture del *Guglielmo Tell* contiene un brano di tempo veloce.　（　　）

4　Questa persona è un artista del Rinascimento.　　　　　（　　）

5　Oltre ai cristiani nessuno apprezza le sue pitture religiose.　（　　）

6　"La Scuola di Atene" si trova a Urbino.　　　　　　　　（　　）

➼ GRAMMATICA

1 接続法過去の用法

主節の動詞は「接続法現在」と同じく考え・推量・願望などを表します。節の中の動詞の行為・出来事が、主節の動詞より前の場合です。

Credo che ***abbiate sentito*** qualche brano dalle mie opere.
私はあなたたちが私の作品からの数節を聴いたことがあると信じる。

§ che の節の動詞が essere をとる場合については次を参照。(→ p.88, p.136)

2 受動の si ── 近過去

助動詞は essere。単数か複数かは後ろの名詞（主語）によって決まります。過去分詞の語尾もその名詞に性・数を合わせます。

Nel 2020 a Roma ***si è tenuta*** una grande mostra.
2020年、ローマで大展覧会が開催された。

3 接続詞 né

アクセント記号付き **né** は **ne** とは異なります。否定文の中で使われ「～でもなく…でもない」となります。

Non ho mai guardato ***né*** sentito un'opera lirica!
私はオペラを観たこともなく聴いたこともない！

4 条件法過去の用法

過去のある時点から見て未来のことだった内容に用いられます。

Tanta gente ***avrebbe dovuto*** visitarmi.
多くの人々が私を訪れるはずだった。

➼ ESPRESSIONI

1 Mi permetto di dire che ～ 「失礼ながら～と申し上げる」

スピーチや手紙などで用いられることが多い、やや形式的な表現です。

Mi permetto di dire che il mio nome è rinomato in tutto il mondo.
僭越ながら、私の名は世界中に知られています。

Cf. ***Mi permetto di dire*** che la nostra ditta ha ben 200 anni di storia!
わが社は200年の歴史があると申し上げたく存じます。

➡ ESERCIZI

1 本文の [A] [B] の人物は誰か、選択肢の中から選びましょう。

[**A**]　① Vivaldi　　　② Rossini　　　③ Mozart

[**B**]　① Leonardo　　② Michelangelo　③ Raffaello

2 例にならい、受動態の文を **si** を使った文に書き換えましょう。

例　Questo utensile non viene usato.

➡ Non si usa questo utensile.

1　Nelle Marche viene parlato anche il dialetto?

_____

2　Tutti i tavoli vengono puliti con l'alcol.

_____

3　Questo episodio viene citato spesso.

_____

3 例にならい、接続法過去を使った文にしましょう。

例　Avete sentito questo brano.

➡ Credo che abbiate sentito questo brano.

1　Mia sorella ha usato il mio computer.
　　Credo che _____

2　Abbiamo mangiato il dolce.
　　Mia madre pensa che _____

3　I bambini dei vicini hanno aperto la porta.
　　Si dice che _____

4 日本語にしましょう。

1　Nel 2016 le Marche vennero* danneggiate da un grande terremoto.

_____

*vennero: venire の遠過去 3 人称複数形

2　Si teme[1] che i terremotati[2] non abbiano ancora ripreso una vita regolare.

_____

[1]temere: 懸念する　[2]terremotato: 地震の被災地の住民

[A] 私はペーザロで生まれました。「4つのMの町、すなわち海、山、音楽、陶器の町」と呼ばれる町です。私は3つ目のM、音楽と強く結びついています。なぜなら私はオペラの作曲家なのです。夏、ペーザロでは私の名がついたフェスティバルが開催され、その機会に世界中から愛好家たちが集まります。

日本では非常に多くの人がオペラがお好きだと承知しています。ですので、きっと私のことはご存じですよね。私の作品『セビリアの理髪師』や『泥棒かささぎ』などのメロディーの数節を、これまで少なくとも一度は聴かれたことがあると思います。でもどなたかはこうおっしゃるでしょう。「私はクラシックには興味がないから、オペラなんてまったく観たことも聴いたこともない！」。そうかもしれません。しかしそんな方たちも、小学校や中学校の運動会に参加されたことはあるはずです。日本では、そういう場で私のオペラ作品『ウィリアム・テル』の前奏曲がよく使われるのです。リズミカルで心がはやるようなこのメロディーが、競走のBGMにはとてもよく合うのですね。ですので、そのタイトルは少しの人しか知らなくても、多くの世代の皆さんにとって親しみのある曲なのです。

[B] 私はウルビーノの生まれです。イタリア・ルネサンスの最大拠点として認識されている都市のひとつです。僭越ながら、私の名は世界中に知られています。自慢する気はありませんが、私はルネサンスに多大な貢献をしたと信じています。私の描いた数多くの《聖母子》は、キリスト教徒のみならず、あらゆる国籍の美術愛好家たちを魅了しています。

現在、マルケ国立美術館と呼ばれているドゥカーレ宮殿には、私がごく若いときに描いた作品があります。ただし、この美術館はむしろ15世紀の天才画家ピエロ・デッラ・フランチェスカの傑作で有名であるとつけ加えておきます。実際、私の傑作の大部分はフィレンツェとローマにあるのです。ヴァティカン美術館にはおそらく私の最も高名な絵画作品《アテネの学堂》が保存されています。2020年、私に捧げられた大展覧会がローマで開催されたのをご存じでしょうか。私の死後500年という年を記念したものです。イタリア中そして世界中から多くの人々が訪れてくださるはずでしたが、残念ながらそうはなりませんでした。COVID-19のためです。とても残念ではありましたが、私は希望を失っていません。私の作品も私も、そうたやすく消えることはありません。1年後も、百年後も、千年後だってずっと皆さんをお待ちしていますよ！

13 LAZIO

ラツィオ州

フォロ・ロマーノ

| ABITANTI |
| **5.715.190** |
| SUPERFICIE |
| **17.231,72** KM² |
| CAPOLUOGO |
| **ROMA** |

Tarquinia
Tivoli
Cerveteri
Ostia ■ ROMA
Frascati

フォロ・ロマーノ（Foro romano）など古代の遺跡の魅力に加え、現代の首都（la Capitale）
として政治・経済の中枢を担うローマは活気にあふれている。市内にヴァティカン市
国を抱え、数多くの教会が並び立ち、政府機関の建物も多い。近郊の町は、都心から
数十キロの近さと思えないほど自然が豊かで、ワインやチーズの生産も盛ん。海沿い
の町では、夏にローマ市民が海水浴を楽しむ。

みどりとファビオは「動物探し」をテーマにローマの町を散策しています。どこでどんな「動物」が見つかるのでしょうか。

FABIO: [E1] Eccoci, arrivati in Piazza del Campidoglio. Quella lì, in cima alla colonna, è la celebre Lupa capitolina[1], animale simbolo di Roma.

MIDORI: Sì! È anche l'emblema della AS Roma, la squadra di calcio!

FABIO: Esatto! Ma questa statua è una copia. Quella originale è conservata nei Musei Capitolini, proprio qui accanto.

MIDORI: Chi sono i due bambini sotto la pancia della lupa?

FABIO: Sono Romolo e Remo, due fratelli gemelli. Secondo la leggenda, furono trovati da una lupa che si occupò di loro allattandoli[2]. Romolo fondò Roma nel 753 a.C.[3] e ne fu il primo re. L'Impero Romano durò più di mille anni, fino al 476 d.C[4].

— *Più tardi, in Piazza di Minerva* —

MIDORI: Guarda quell'elefante con un obelisco sul dorso! Ha l'aria di un cucciolo[5]. È carino!

FABIO: Infatti è noto anche come il Pulcin di Minerva. "Pulcino" nel dialetto dell'epoca stava per "porcino", cioè "maialetto".

MIDORI: Ho notato che a Roma ci sono anche altri obelischi.

FABIO: È vero! Wikipedia dice: Roma è la città che conserva il maggior numero di obelischi al mondo. Questi monumenti, in gran parte di origine egizia, furono trasportati nella capitale dell'Impero Romano a partire dall'epoca di [G2] Augusto[6] sotto il cui dominio era stato

La Lupa capitolina

conquistato l'Egitto, dopo la battaglia di Azio⁷ del 31 a.C.

MIDORI: Quindi sono simboli della forza dell'Impero Romano.

FABIO: Sì, e anche della forza del Papato⁸. Fu per il Papa Alessandro VII che Bernini progettò l'allestimento⁹ dell'obelisco sul dorso dell'elefantino e la sua sistemazione nella Piazza della Minerva. Bernini fu un artista del Seicento e a Roma ci sono tante sue opere. Forza! Andiamo a scoprire altre opere con animali!

— *In Piazza Barberini* —

FABIO: Questa invece è la fontana del Tritone, di Bernini. Vedi la figura del dio marino Tritone sopra i quattro delfini?

MIDORI: Guarda qui! Api! Qui ci sono tre api!

FABIO: Sì, quello è lo stemma¹⁰ di Papa Urbano VIII, e cioè proprio della famiglia Barberini. In questa piazza c'è anche un'altra fontana, appunto quella delle Api, sempre del Bernini. **G3** Queste api papali si possono trovare anche in altri luoghi della città.

---

1 capitolino: カピトリーノの(「カンピドリオ[Campidoglio]の」あるいは広義で「ローマの」)
2 allattare: 乳を与える　3 a.C. (avanti Cristo): 紀元前　4 d.C. (dopo Cristo): 紀元　5 cucciolo: 動物の子ども　6 Augusto: アウグストゥス帝　7 battaglia di Azio: アクティウムの戦い　8 Papato: 教皇庁
9 allestimento: (舞台の)装置　10 stemma: [男]紋章

⟩ VERO o FALSO ⟨

1 L'originale della Lupa capitolina si trova in un museo. 　　　　(　)

2 La leggenda dice che Romolo è il fondatore di Roma. 　　　　(　)

3 A Roma si trova un obelisco sulla cui cima c'è un elefante. 　　(　)

4 Nell'epoca dell'Impero Romano tanti obelischi egizi furono portati a Roma. (　)

5 L'obelisco dell'elefantino è l'unica opera di Bernini che si trova a Roma. 　(　)

6 La fontana con il Tritone e le api si chiama "Fontana delle Api". 　(　)

➡ GRAMMATICA

1 遠過去の用法

歴史的事実や、現在とのつながりが感じられない過去のことがらを表し、小説などの叙述部分によく用いられます。会話での使用はあまりありません。(→ p.142)

2 関係代名詞 cui

定冠詞を伴って所有格を表す用法があります。その際、前置詞とともに使うこともあります。「～のその人［物］の」。

.... Augusto, **sotto il cui** dominio era stato conquistato l'Egitto ....
エジプトが、その支配の下に征服されたところのアウグストゥス帝……

3 si の用法 ── 受動の si

〈**si + 動詞の三人称単数または複数 + 名詞（主語）**〉単数か複数かは主語の名詞によって決まります。

Queste api papali **si possono** trovare.　　　　　*受動態の文の主語は api。複数。
これらの教皇の蜂たちが見つけられる。

➡ ESPRESSIONI

1 Eccoci, arrivati. 「さあ着いたよ。」

ci および過去分詞の語尾は、「到着した人［物］」の性・数に合わせて変化します。直接補語の代名小詞を用います。

Ecco**ci**, arriva**ti** in Piazza del Campidoglio.
さあ、僕たちはカンピドリオ広場に着いたよ。（男性複数）

Cf. Ecco**la**, arriva**ta**!
さあ、彼女が着いた！ （女性単数）

▶ RUBRICA ◀

ラツィオは、ウンブリアと並んでエトルリアの遺跡が多く残る地域です。古代ローマよりも前の紀元前9世紀頃から紀元前1世紀頃に栄えたエトルリア人（gli Etruschi）は高度な文明をもっていました。タルクイニア（Tarquinia）とチェルヴェテリ（Cerveteri）には、「死者の街（necropoli）」と呼ばれる墳墓が見られます。

1 「遠過去」は歴史的なことがらを叙述する時によく用いられます。本文では遠過去の動詞に下線がついています。不定詞（原形）を書きましょう。

1　furono _____

2　si occupò _____

3　fondò _____

4　fu _____

5　durò _____

6　progettò _____

2 例にならい、関係代名詞 **cui** を用いて文をつくりましょう。その文を日本語にしましょう。

例　Suo nonno vive a Ostia*.　　　　　　　　*Ostia はローマ近郊の海辺の町。

➡ Ho un amico il cui nonno vive a Ostia.

　私には、おじいちゃんがオスティアに住んでいる友だちがいる。

1　I suoi genitori hanno un vigneto a Frascati*.

　Ho un amico _____ hanno un vigneto a Frascati.

_____

　　　　　　　　　　　　　　*ローマ近郊の Frascati は白ワインの産地として有名。

2　La sua fontana è molto famosa.

　A Tivoli* c'è una villa _____ è molto famosa.

_____

　　　　　　　　　　　　*Villa d'Este のこと。Tivoli はローマ近郊の町。

3 [　　]に指定された動詞を用いて **si** を使った受動態の文にしましょう。その文を日本語にしましょう。

1　A Cinecittà _____ tanti bei film.　[produrre]

_____

2　_____ la salvia per il saltimbocca alla romana.　[usare]

_____

3　_____ sia* il Pantheon che il Colosseo per mostrare la forza degli Imperatori Romani.　[costruire（遠過去で）]

_____

ファビオ：さあ、カンピドリオ広場に着いたよ。あちらの、円柱のてっぺん、あれがローマを象徴する動物、かの有名なカピトリーノの雌オオカミだ。

みどり：そう！ サッカーチーム AS ローマの紋章でもあるわね！

ファビオ：その通り！ でもあの像は複製なんだ。本物は、ここのすぐ隣にあるカピトリーノ博物館に保管されているよ。

みどり：オオカミのおなかの下にいる2人の子どもは誰なの？

ファビオ：ロムルスとレムスという双子の兄弟だよ。伝説によると、2人は雌オオカミに見つけられ、そのオオカミが彼らに乳を与えて育てたんだ。ロムルスは、紀元前753年にローマを建国し、いちばん最初の王になった。ローマ帝国は476年まで千年以上も続いたんだ。

―― その後、ミネルヴァ広場へ ――

みどり：見てよ！ あの象、背中にオベリスクを載せてる！ 子どもの象みたいな感じね。かわいい！

ファビオ：実際、ミネルヴァのプルチンとしても有名で、「プルチン」は「プルチーノ」、当時の方言で「ポルチーノ」つまり「子豚」のことなんだ。

みどり：ローマには、他にもいくつかオベリスクがあることに気づいたわ。

ファビオ：本当だね！ ウィキペディアにはこう書かれている。ローマは世界でいちばん多くのオベリスクを保存している都市なんだ。そうしたオベリスクは、大部分がエジプトにあったもので、アウグストゥス帝の時代からローマ帝国の首都に運ばれてきた。紀元前31年のアクティウムの戦いの後、エジプトはアウグストゥス帝の統治下に征服されたからね。

みどり：それじゃあ、ローマ帝国の力の象徴ってわけね。

ファビオ：そう、そして教皇庁の力の象徴でもある。ベルニーニが、子象の背中にオベリスクを載せてミネルヴァ広場に置くという設計をしたのは、教皇アレクサンデル7世のためだった。ベルニーニは17世紀の芸術家で、ローマには彼の作品がたくさんあるよ！ さあ、他の動物作品を探しに行こう！

―― バルベリーニ広場で ――

ファビオ：これは、トリトンの噴水、ベルニーニの作だ。ほら、4匹のイルカの上に、海の神様トリトンの像があるだろう？

みどり：ここを見て！ 蜂がいる！ ここに、蜂が3匹いるわ！

ファビオ：ああ、それは、教皇ウルバヌス8世の紋章だ。彼はまさにバルベリーニ家の出身だよ。この広場にはもうひとつ噴水がある。ずばり「蜂の噴水」といって、それもベルニーニの作なんだ。こういう教皇の蜂っていうのが他にもローマの町のあちこちに見つかるよ。

14 ABRUZZO

グラン・サッソ

ABITANTI
1.273.660
SUPERFICIE
10.831,50 KM²
CAPOLUOGO
L'AQUILA

Gran Sasso ▲
● Pescara
■ L'AQUILA

1963年まで Abruzzi-Molise という州だったが、翌年に分割され現在の州となった。州都ラクイラは「99の顔の噴水」や独特の美しいファサードをもつコッレマッジョ教会（Collemaggio）が有名。ペスカーラは19世紀から20世紀に政治活動家としても活躍した詩人・作家ダンヌンツィオ（Gabriele D'Annunzio）誕生の地。

冬のスポーツも盛んなこの地のホテルで、スキーから戻った日本人客とフロント係 (receptionist) が話します。夕食のメニューと明日の予定は？

RECEPTIONIST: Buonasera, signora Asada, allora, com'è andato lo sci?

ASADA: Eccomi, buonasera! Sì, mi sono divertita moltissimo! La neve era abbondante e le piste erano di buona qualità.

RECEPTIONIST: Infatti! L'Italia del Nord è certamente conosciuta per gli ottimi campi di sci come quelli di Cortina d'Ampezzo o di Sestriere. Ma anche qui in Centro Italia ci sono delle buone stazioni sciistiche[1].

ASADA: È vero. All'inizio ^{G2} non immaginavo che si potesse sciare in Italia centrale, ma considerando l'altitudine[2] di questa zona.... È logico! Ci sono montagne di più di duemila metri di altezza, proprio come nel Giappone centrale, dove io sono nata e cresciuta. So che tra gli Appennini, il Gran Sasso è il più alto. Quanto è alto?

RECEPTIONIST: Il Gran Sasso misura ben 2,912 metri sul livello del mare. Invece Campo Imperatore, dove si trova questo albergo, è un altopiano[3] molto vasto, a più di 1,500 metri di altitudine. Pensi che[4] è comunemente chiamato il piccolo Tibet!

ASADA: Tutta questa zona è compresa nel parco nazionale, giusto?

RECEPTIONIST: Sì, una delle grandi caratteristiche[5] di questo parco è la bellissima natura. Nell'area protetta abitano tanti animali e uccelli rari. Per esempio, il camoscio[6] d'Abruzzo, forse la specie più interessante, per cento anni era quasi scomparso per colpa della caccia. Ma negli anni novanta è stata fatta un'operazione per evitarne la scomparsa completa. E per fortuna, i

Camoscio d'Abruzzo

camosci sono tornati a popolare[7] il Gran Sasso.

ASADA: [G1] Immagino che sia stata una missione molto difficile.... A proposito, tra poco sarà ora di cena. Mi può consigliare un ottimo piatto del vostro ristorante? Ma [G3] non mi consigli gli arrosticini[8]! Sono buoni ma ne ho già mangiati abbastanza! Preferirei [E1] qualcosa di leggero.

RECEPTIONIST: Allora perché non prova gli spaghetti alla chitarra? Il condimento[9] è leggero! Ma non ha fame dopo aver sciato?

ASADA: Direi di sì, ma [G4] non vorrei appesantirmi[10] poiché domani mi metto in costume da bagno. Vado al mare, a Pescara!

RECEPTIONIST: A Pescara il mare è bellissimo, ma l'acqua non sarà ancora troppo fredda per il bagno?

ASADA: Non importa! Il bello dell'Abruzzo è proprio che si può passare dal mare ai monti in pochi minuti! E [G4] voglio godermi al massimo questa sua caratteristica unica!

---

1 stazione sciistica: スキー場　**2** altitudine: 高度　**3** altopiano: 高原　**4** Pensi che ～ : なんと ～である［慣用表現。che の節の動詞は直説法］　**5** caratteristica: 特徴　**6** camoscio: カモシカ　**7** popolare ～ : ～をすみかとする　**8** arrosticini: ［複］アッロスティチーニ。羊肉の串焼き　**9** condimento: （パスタなどの）ソース　**10** appesantirsi: 太る

> **VERO o FALSO**

1　Ci si può divertire a sciare in Centro Italia.　　　　　　　　(　)

2　Questo albergo è situato sulla cima del Gran Sasso.　　　　(　)

3　Campo Imperatore si trova nel parco nazionale.　　　　　　(　)

4　Il camoscio d'Abruzzo è scomparso per sempre.　　　　　　(　)

5　Stasera la sig.ra Asada non mangerà gli arrosticini perché non le piacciono.

　　　　　　　　　　　　　　　　　　　　　　　　　　　　(　)

6　A Pescara la sig.ra Asada farà il bagno nonostante l'acqua sia fredda.　(　)

➡ GRAMMATICA

1 接続法過去の用法

主節の動詞は「接続法現在」と同じく考え・推量・願望などを表します。節の中の動詞の行為・出来事が、主節の動詞より前。che の節の動詞が近過去において助動詞に essere をとる場合、〈**che + essere の接続法現在 + 過去分詞（語尾は主語に性数一致**〉となります。（→ p.136）

Immagino che *sia stata* una missione molto difficile.
それはとても困難な任務だったと想像します。

2 接続法半過去の用法

immaginare は che の節の動詞が接続法をとります。ここでの時制は半過去なので、節の中の動詞 potere は potesse（接続法半過去）となります。（→ p.40）

Non *immaginavo che* si *potesse* sciare in Italia centrale.
中部イタリアでスキーができるとは想像していなかった。

3 否定の命令文

Lei に対するとき〈**non + Lei の命令形**〉。補語人称代名詞や再帰代名詞を伴うとき、それらは動詞の前に置きます。

Non mi consigli gli arrosticini!
アッロスティチーニを勧めないでくださいね！

§ tu の場合は〈**non ＋不定詞**〉で代名詞の類は動詞の末尾または不定詞の前。

4 再帰代名詞

再帰動詞を不定詞で用いる場合、動詞自体は活用せず、再帰代名詞 si のみ主語に合わせて活用します。

Non vorrei appesantir*mi*.　　　　Voglio goder*mi*.
できれば私は太りたくないなぁ。　　　私は楽しみたい。

➡ ESPRESSIONI

1 〈qualcosa di ＋形容詞〉「何か～なもの」

qualcosa di leggero
何か軽いもの

1 日本語に合うように［　　　］の動詞を使って文をつくりましょう。

1 明日の朝、そんなに早く起きたくないんだけどなぁ。［ alzarsi ］

Domani mattina _____ così presto.

2 君たち、マスクをしないといけないよ！［ mettersi ］

Ragazzi, _____ la mascherina!

3 今夜、私たちは（電話で）話すことができますか？［ sentirsi ］

Stasera _____ ?

2 例にならい、指示された文を従属節として、「私は〜と思う（望む、心配している）」の文をつくりましょう。その文を日本語にしましょう。

例 Il tuo soggiorno è andato molto bene.

➼ Spero che il tuo soggiorno sia andato molto bene.
　君の滞在がとてもうまく行ったことを私は望んでいる。

1 Ti sei divertita molto al mare.

Spero che

2 Gli animali sono aumentati nel parco nazionale.

Penso che

3 Sono stati molto gravi i danni del terremoto nel 2009.

Temo che

3 tu に対する命令形を Lei に対する命令形に書き換えましょう。

1 それに触るな！　　　　Non toccarlo!

2 彼女を批判するな！　　Non criticarla!

3 彼らの話に耳を貸すな！　Non sentirli!

フロント係：浅田様、おかえりなさいませ。スキーはいかがでしたか。

浅田：ただいま。ええ、とても楽しかったですよ。雪はふんだんにあったし、コースもなかなか上質でした。

フロント係：そうでしょう。北イタリアは、確かにコルティナ・ダンペッツォやセストリエーレのように最高のスキー場で知られています。ですが、この中部イタリアにも良いスキー場がありますよ。

浅田：本当ね。私は初め中部イタリアでスキーができるなんて想像してなかったんだけれど、このあたりの高度を考えれば……当然ですよね！　海抜2000メートル以上の山脈があって、ちょうど私が生まれ育った日本の中央部と同じような感じ。アペニン山脈の中でグラン・サッソが一番高いのは知っていますが、高さはどれぐらいなんですか。

フロント係：グラン・サッソは海抜2,912メートルもあります。一方、私どものこのホテルがあるカンポ・インペラトーレは広大な高原で、高度は1,500メートル以上です。なんと一般には小チベットと呼ばれているんですよ！

浅田：この区域はすべて国立公園に含まれているんですよね。

フロント係：はい、この公園の最大の特徴のひとつが、とても美しい自然なのです。保護区には、たくさんの珍しい動物や鳥が生息しています。その例がアブルッツォ・カモシカで、おそらく最も興味深い種類なのですが、100年の間、狩猟のためにほとんど姿を消していました。ですが、1990年代に、絶滅してしまうのを回避しようと活動が行なわれたのです。そして幸いなことに、カモシカはまたグラン・サッソをすみかとするために戻ってきました。

浅田：それはとても困難な任務だったのでしょうね……。ところでもうすぐ夕食の時間ですけど、こちらのレストランの最高においしいお勧めの料理を教えてくださいますか？　ただし、アッロスティチーニはやめてくださいね！　おいしいけど、もう十分にいただいたから。何か軽いものがいいんですけど。

フロント係：それなら、スパゲッティ・アッラ・キタッラになさってはいかがです？　ソースはあっさりしていますよ。しかし、スキーをなさったのにおなかがすいていらっしゃらないのですか？

浅田：すいてるんですけどね、明日水着を着るので太りたくないなぁと思って。海に行くんです、ペスカーラに！

フロント係：ペスカーラの海はすばらしいですが、海水浴をするには水がまだ冷たすぎはしませんか？

浅田：かまわないわ！　アブルッツォの素敵なところは、海と山との間をほんの少しの時間で行き来できるってことなんですもの！　アブルッツォならではのこの特色を、私は最大限に楽しみたいんです！

15 MOLISE

地域独特の伝統漁法の装置"trabocco"と漁師小屋

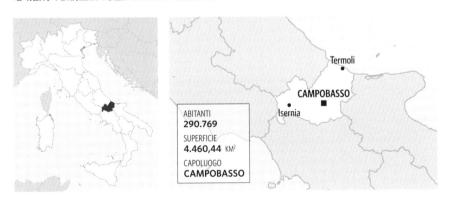

ABITANTI
290.769
SUPERFICIE
4.460,44 KM²
CAPOLUOGO
CAMPOBASSO

カンポバッソ（Campobasso）、イゼルニア（Isernia）の2県から成る。山岳・森林地帯が多くを占め、従来から環境保護や野生動物の保護に力を入れている。近年は、資源ごみを活かしたものづくりなど、新たな分野に挑戦する中小企業も出てきた。伝統的な楽器ザンポーニャ（zampogna）の響きが似合う町並みに、国内外からの注目が集まり始めている。

イタリア系アメリカ人の学生レオは休暇でニューヨークからイタリアに来ました。伯母がモリーゼに行こうと言いますが……。

LEO: Zia, ti sono molto grato[1] per la tua proposta, ma perché il Molise? Non vorrei essere scortese, ma non mi sembra un posto molto eccitante. Non lo conosce nessuno!

ZIA: Ma [G1] che stai dicendo? Sicuramente [E1] vale la pena di visitare il Molise. Su, preparati, perché ci andiamo!

— In macchina —

ZIA: ([G1] *Guidando*) Leo, tu non leggi il giornale?

LEO: Come no! Leggo il "New York Times" ogni giorno!

ZIA: E non conosci il Molise? Non hai letto che il Molise è stato eletto come "una tra le 52 mete[2] del mondo da visitare nel 2020", proprio dal *New York Times*?

LEO: (*Subito* [G1] *consultando Internet sul telefonino*) Oh my God! Wow!

ZIA: E parla italiano, con me! Allora, che hai scoperto?

LEO: Qui dice che il Molise è il trentasettesimo classificato[3] su cinquantadue. In questa lista, le altre due mete italiane sono la Sicilia e la città di Urbino[4]. Poi dice anche che [G2] il Molise è la più giovane tra tutte le regioni italiane. Fino al 1963 faceva parte della regione unica "Abruzzo-Molise".

ZIA: Allora ha proprio la mia età. È giovane come me…. Ascolta, Leo, ora ti spiego io le bellezze del Molise! Il sito archeologico di Saepinum contiene un bellissimo foro romano, proprio come a Roma, ma senza la folla di turisti lo si può visitare molto più tranquillamente. Campobasso è dominata da un bel castello. A Termoli, invece, c'è un piacevole lungomare.

LEO: Zia, ora che sai che il Molise è tuo coetaneo[5], mi sembri ancora più convinta di prima. Ma com'è la cucina molisana? Lo sai che io senza buon cibo e buon vino, non cambio facilmente opinione.

ZIA: Lo so, lo so! E sai cosa ti dico? Che la cucina molisana sarà forse semplice ma è autentica[6] e di prima qualità[7]. A proposito, Leo, dimmi un po', tu studi cinematografia in America, giusto?

LEO: Sì, la studio all'Università di New York. Studio anche recitazione[8].

ZIA: Allora saprai bene che Robert De Niro è di origine molisana.

LEO: De Niro? Ma dai! È il mio eroe! **G2** È l'attore più bravo del mondo!

ZIA: Se ricordo bene, suo nonno è di un paese vicino a Campobasso. **E2** Ti va di andarci?

LEO: Assolutamente! Grazie, Zia! Sei un mito[9]!

ZIA: Ma cosa fai? Non mi abbracciare[10]! **G1** Sto guidando!

---

1 grato: ありがたい 2 meta: 旅の目的地 3 classificare: 順位をつける 4 Urbino: ウルビーノ。マルケ州の都市 5 coetaneo: 同い年 6 autentico: 本物の 7 di prima qualità: 第一級の 8 recitazione: 演技 9 mito: (神話に登場するほど)すばらしい人 10 abbracciare: 抱きしめる

⟩ VERO o FALSO ⟨

1 Leo accetta subito la proposta della zia di andare in Molise.   ( )

2 La zia non credeva che Leo leggesse il giornale ogni giorno.   ( )

3 Nella lista sono classificati tre luoghi italiani.   ( )

4 A Leo non interessano le specialità molisane.   ( )

5 Robert De Niro abita da sempre vicino Campobasso.   ( )

6 Alla fine Leo ringrazia la zia.   ( )

➡ GRAMMATICA

1 ジェルンディオ

語尾変化の原則　-are → -ando　　-ere → -endo　　-ire → -endo

① 従属節の代わりとして ―「〜しながら」という「同時性」の意味を表します。

In macchina, *guidando*
車中で、運転しながら

***Consultando* Internet sul telefonino**
携帯でネット検索しながら

§ 他に、従属節の代わりとしては「〜だから」「〜するとき」「もし〜ならば」の意味を表す。
（→ p.10）

② 現在進行形として ―〈**stare の直説法現在 + 動詞のジェルンディオ**〉で表します。

Sto guidando!
私は運転中だ！

Che *stai dicendo*?
君は何を言っているの？

2 最上級

最上級は〈**定冠詞 + 比較級 + di**〈tra, in〉〉。比較級は〈**più + 形容詞**〉。名詞を伴う場合 più + 形容詞の前に置き、定冠詞は名詞に合わせます。

Il Molise è *la più* giovane *tra* tutte le regioni italiane.
モリーゼはイタリアのすべての州の中で最も若い。

È *l'*attore *più* bravo *del* mondo!
彼は世界でいちばん優れた俳優だ！

➡ ESPRESSIONI

1 vale la pena di 〜　「〜する価値がある」

***Vale la pena di* visitare il Molise.**
モリーゼを訪れる価値がある。

2 ti va di 〜?　「君は〜したい？」[会話表現]

〈**間接補語 + va + di + 不定詞**〉「（人が）〜するのを気に入る、〜したい気がする」

***Ti va di* andarci?**
そこに行ってみたい？

Cf. Ora non *mi va di* uscire.
今は出かける気分になれない。

➡➡ ESERCIZI

1 [　　]に指示された動詞をジェルンディオにして現在進行形の文をつくりましょう。

1　Franco, che cosa _____ ?　[guardare]

2　Ragazzi, che cosa _____ ?　Venite qui!　[fare]

3　I camerieri _____ i tavoli.　[pulire]

2 ジェルンディオを用いて下線部の従属節を書き換えましょう。その文を日本語にしましょう。

1　<u>Mentre aspetto il treno</u>, leggo le email.

　　_____, leggo le email.

　　_____

2　<u>Se segui le indicazioni</u>, lo troverai facilmente.

　　_____, lo troverai facilmente.

　　_____

3　<u>Poiché è sua madre</u>, la signora starà dalla parte del figlio.

　　_____, la signora starà dalla parte del figlio.

　　_____

3 本文に出てきた **tu** に対する命令形を、**Lei** に対する命令形に書き換えましょう。

1　Parla italiano. _____　　2　Ascolta. _____

3　Preparati. _____　　4　Dimmi. _____

5　Non mi abbracciare. _____

4 _____ に1語を入れて最上級の文をつくり、日本語に訳しましょう。

1　Campobasso è _____ città _____ grande del Molise.

　　_____

2　Le pecore sono _____ animali _____ allevati del Molise.

　　_____

3　La produzione di formaggio è _____ delle industrie _____ sviluppate.

　　_____

レオ：伯母さん、提案はとてもありがたいんだけど、どうしてモリーゼなんでしょう？ 無礼なことは言いたくないけど、あまりぱっとしない場所って感じ。誰も知らないですよね。

伯母：なに言ってるの。モリーゼは断然訪れるに値する場所よ。さあ、用意しなさい、出かけるんだから！

—— 車の中で ——

伯母：〔運転しながら〕レオ、あなた新聞は読まないの？

レオ：もちろん読みますよ！ 毎日ニューヨークタイムズを読んでるよ！

伯母：なのにモリーゼを知らないの？ まさにそのニューヨークタイムズの「2020年に訪れるべき世界の52の旅の目的地」にモリーゼが選ばれたの、読んでないの？

レオ：〔すぐにスマホで検索しながら〕オーマイゴッド！ ワォ！

伯母：私にはイタリア語でしゃべってよね！ で、何がわかった？

レオ：モリーゼは52のうち37位にランクされています。イタリアでランクインは他にシチリアとウルビーノ。それからこんなことも。モリーゼはイタリアのすべての州の中で一番若いんだって。1963年まではアブルッツォ・モリーゼ州というひとつの州の一部だった。

伯母：じゃあ私と同い年じゃないの。私と同じぐらい若いのか……。レオ、聞きなさい、私がモリーゼの魅力を説明してあげるから！ セピヌム遺跡の考古学地区、そこにはまさにローマにあるようなすばらしい古代のフォロ・ロマーノがあるんだけど、観光客で混雑してないからずっと落ち着いて見学できるわ。カンポバッソには立派なお城がそびえている。テルモリには気持ちの良い海岸通りがあるわ。

レオ：伯母さん、同い年だとわかって、ますますモリーゼびいきになったようだね！ でも料理はどうなんです？ 僕はおいしい食べ物とワインがなければそうたやすく意見を変えませんよ。

伯母：はいはい、わかってますって。言っとくけど、モリーゼの料理は素朴でしょうけど本物で一級品よ。ところでレオ、ちょっと聞くけどあなたはアメリカで映画を勉強してるのよね？

レオ：ええ、ニューヨーク大学で。演技も勉強してますよ。

伯母：だったらロバート・デ・ニーロがモリーゼ出身の家系だって知ってるわよね。

レオ：えーっ、デ・ニーロだって！ 彼は僕のヒーローなんだ！ 世界一の俳優だよ！

伯母：確かデ・ニーロのおじいちゃんがカンポバッソの近くの村の出身だったと思うのよね。行ってみたい？

レオ：もちろん！ ありがとう伯母さん！ 伯母さんは偉大だよ！

伯母：なにするの、抱きつかないでよ！ 運転中よ！

16 CAMPANIA

カンパニア州

ヴェズヴィオ山とナポリ湾

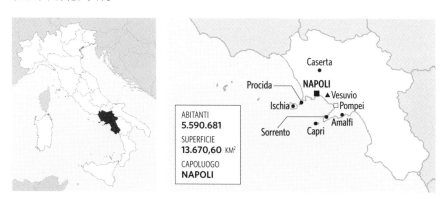

ABITANTI
5.590.681
SUPERFICIE
13.670,60 KM²
CAPOLUOGO
NAPOLI

Vedi Napoli, e poi muori.「ナポリを見て死ね」と言われる風光明媚な町を州都とし、海岸が美しいアマルフィ、歌で知られたソレントや古代都市ポンペイなどの多彩な町に加え、青の洞窟（Grotta Azzurra）で有名なカプリや、イスキア、映画『イル・ポスティーノ（*Il Postino*）』の舞台プロチダなどの島も有する。カゼルタの壮麗な宮殿は18世紀の建造物で、1994年ナポリ・サミットの会場になった。

ナポリ出身の「爆笑王子」トト。舞台と映画で人気を博しました。「ナポリらしい」と言われ愛される彼の魅力そして素顔に迫ります。

Totò è l'attore più amato d'Italia. Ancora oggi è molto popolare, anche tra i giovani. Il suo vero nome è Antonio de Curtis e "Totò" è il suo nome d'arte[1]. Totò è nato a Napoli nel 1898 ed è morto a Roma nel 1967.

Veniva chiamato "il principe della risata" perché era il migliore degli attori del suo tempo ma anche perché, [G1] sebbene sia nato molto povero, Totò era in realtà il figlio non riconosciuto[2] di un nobile. Ha partecipato a ben 97 film, alcuni molto leggeri e divertenti e altri più intellettuali e profondi.

Era principalmente un attore comico ma ha spesso recitato anche in film drammatici. Il personaggio di Totò ha inglobato[3] in sé tutti gli elementi più tipici della napoletanità: il dialetto, la gestualità[4] e la cosiddetta "arte di arrangiarsi", cioè di risolvere sempre [E1] qualunque problema con creatività. Il suo personaggio dolce e amaro, divertente e malinconico, è la chiave della sua fama.

Totò lavorava tantissimo e lavorava anche se era malato. A causa di questa passione per il suo lavoro, in un periodo di grande debolezza e malattia, nel 1956, durante uno spettacolo teatrale perse la vista. Per questo motivo fu costretto ad abbandonare il teatro e continuò solo a recitare nei film.

La sua tecnica artistica è unica perché

Totò

si basa su un mix perfetto di contrasti: bontà e cattiveria, povertà e ricchezza, candore[5] infantile e furbizia[6] adulta. I film con Totò possono essere visti mille volte senza annoiarsi mai: a ogni visione si possono scoprire sempre nuovi dettagli divertenti, battute, giochi di parole, piccole smorfie[7].

[G1] Nonostante guadagnasse tantissimo, nella sua vita Totò ha spesso avuto problemi finanziari. Conduceva certamente uno stile di vita molto dispendioso[8] ma in realtà [G2] sembra che facesse anche molta beneficenza[9]. A Napoli era così famoso e amato da non poter camminare normalmente per strada. [G2] Sembra che da Roma si recasse[10] a Napoli nella notte fonda per infilare buste di denaro sotto le porte delle famiglie dei quartieri più poveri.

Quando morì, una folla oceanica[11] arrivò da tutta Italia per l'ultimo saluto al grande attore e per accontentare tutti i suoi fan furono necessari ben tre funerali, il primo a Roma e altri due a Napoli.

---

1 nome d'arte: 芸名   2 non riconosciuto: 認知されていない   3 inglobare: 組み入れる   4 gestualità: ジェスチャー   5 candore: 無垢   6 furbizia: 狡猾さ   7 smorfia: 渋面   8 dispendioso: お金のかかる 9 beneficenza: 慈善、施し   10 recarsi: 赴く   11 oceanico: たくさんの

＞ VERO o FALSO ＜

1　Purtroppo oggi la popolarità di Totò è ormai passata.　　　　　　　　（　　）

2　Totò veniva chiamato "il principe della risata" perché ha spesso interpretato il ruolo di un nobile.　　　　　　　　　　　　　　　　　　　　　（　　）

3　Totò non ha solo recitato in film comici ma anche in film seri.　　　（　　）

4　Siccome non ci vedeva più, Totò ha rinunciato a fare l'attore.　　　（　　）

5　Totò godeva della sua ricchezza ma non si dimenticava dei poveri.　（　　）

6　Sia a Roma che a Napoli, i fan di Totò hanno potuto partecipare al suo funerale.

　　　　　　　　　　　　　　　　　　　　　　　　　　　　　　　　（　　）

➡ GRAMMATICA

1 接続詞 ── 接続法を用いるもの

① 接続詞 sebbene「たとえ〜にせよ」に続く節の動詞は接続法を用います。ここでは節の動詞は接続法過去。

> **sebbene** sia nato molto povero, ...
> とても貧しい生まれではあるが

② 接続詞 nonostante「〜にもかかわらず」に続く節の動詞は接続法を用います。ここでは節の動詞は接続法半過去。

> **Nonostante** guadagnasse tantissimo, ...
> 非常に多くのお金を稼いでいたにもかかわらず
>
> § 接続法を用いる接続詞は、他に malgrado がある。(→ p.142)

2 接続法半過去の用法

「〜のようだ」を表す現在形の sembra は、節の中の動詞が接続法現在または過去が多いですが、このように接続法半過去の場合もあります。

> **Sembra che** facesse anche molta beneficenza.
> 彼は多くの慈善事業もしていたようだ。

> **Sembra che** da Roma si recasse a Napoli.
> ローマからナポリに赴いていたようだ。

➡ ESPRESSIONI

1 〈qualunque + 名詞〉 「どのような〜も」

qualunque problema　どのような問題も

Cf. qualunque は名詞の後ろでは「ありふれた、どこにでもある」という意味になります。

> un uomo **qualunque**
> どこにでもいるような人

▶ **RUBRICA**

日本でも展覧会が開催され注目を集めたポンペイ遺跡。西暦79年ヴェズヴィオ山の噴火で地中に埋もれ、発掘により当時の生活の様子が明らかに。モザイク画などの多くはナポリ国立考古学博物館にあります。

1 本文の下線の遠過去の動詞を近過去に書き換えましょう。

1 perse _____   2 fu _____   3 continuò _____

4 morì _____   5 arrivò _____   6 furono _____

2 日本語に合うように、_____ に1語を入れて文をつくりましょう。

1 イタリアのナショナルチームは「アズッリ」と呼ばれている。

La squadra nazionale italiana _____ _____ "gli Azzurri".

2 ルイージは遅れて来たのに謝らなかった。 [arrivare を使って]

Sebbene _____ _____ in ritardo, Luigi non ha chiesto scusa.

3 彼は私のことをよく知っているのに、知らないふりをした。

Nonostante mi _____ bene, lui ha fatto finta di non conoscermi.

3 日本語に合うように、[　　]の単語をすべて使って並べ替え文をつくりましょう。
動詞、形容詞は正しい形にしましょう。

1 地球温暖化が原因で、気候が変化しつつある。
[del, globale, riscaldamento, causa, a]

_____, il clima sta cambiando.

2 私たちは支出を減らさざるを得ない。
[costretto, essere, a, meno, spendere]

_____

3 バッジョは彼の時代のサッカー選手の中で最高だ。
[essere, migliore, suo, il, Baggio, calciatori, dei, del, tempo]

_____

4 日本語に訳しましょう。

1 Tante persone morirono a causa dell'eruzione del Vesuvio.

_____

2 La Campania è famosa per il limoncello, un liquore per cui vengono usati i limoni di Amalfi o di Sorrento.

_____

トトはイタリアで最も愛されている俳優です。今なお、若者たちの間でもとても人気があります。本名はアントニオ・デ・クルティスといい、「トト」は芸名です。1898年にナポリで生まれ、1967年にローマで亡くなりました。

　「爆笑王子」と呼ばれていましたが、それは当代の俳優の中で最高だったからのみならず、たいへん貧しい生まれではあったものの、実は彼がある貴族の認知されてない息子だからでもありました。97作もの映画に出演、とても気軽で愉快な作品もあれば、より知的で奥行きの深い作品もあります。

　主として喜劇俳優でしたが、ドラマ性の高い作品にもよく出演しました。トトの演じる人物像は、きわめてナポリ的な要素がすべてその中に組み合わされていました。方言やジェスチャー、それにいわゆる「処世術」です。すなわち、常に創造力でもってどんな問題でも解決してしまう術のことです。柔和ながら痛烈、愉快かつ哀愁漂う彼の人物像が、その名声の鍵なのです。

　トトは働いて働いて、病気になっても働きました。仕事に対するこの情熱ゆえに、体がすっかり弱り病気になっていた時期の1956年、ある舞台での上演中に、彼は視力を失います。そのために、舞台はやめざるを得なくなり、映画でのみ演じ続けることになったのでした。

　彼の芸術的テクニックは唯一無二です。というのは、相反する要素の完璧な融合に基づいて成り立っているからです。善意と悪意、貧しさと裕福さ、幼子の無垢と大人の狡猾さ。トトの出ている映画は、決して飽きることなく何度となく見ることができます。見るたびに、細部のおもしろいところ、ジョーク、言葉遊び、ちょっとしたしかめっ面の表情など、常に新たな発見をすることができるのです。

　非常に多額のお金を稼いでいたにもかかわらず、トトはその生涯でしばしば経済的な問題に直面しました。もちろん、高額のお金がかかるような生活をしていたのですが、実は、多くの慈善を行なってもいたようです。ナポリではあまりに有名で慕われていたので、普通に道を歩くこともできませんでした。夜が更けてからローマからナポリに向かい、最も貧しい地区の家の扉の下に、お金を入れた封筒を差し入れていたということです。

　彼が亡くなったとき、偉大な俳優に最後のお別れの挨拶をしようと、イタリア中から大勢の人々が押し寄せました。すべてのファンの要望に応えるために、1回目はローマ、あとの2回はナポリで、計3回もの葬儀が必要でした。

17 PUGLIA

デルモンテ城（カステル・デル・モンテ）

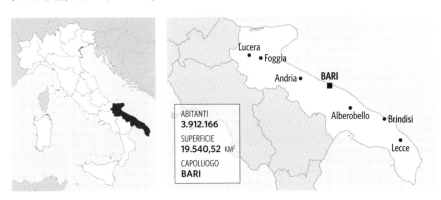

ABITANTI
3.912.166
SUPERFICIE
19.540,52 KM²
CAPOLUOGO
BARI

フェデリーコ2世の存在感に加え、古代ギリシアやノルマン、ビザンティンの影響も色濃い。バーリは、十字軍時代に東方への船の出発点となった時代から現代に至るまで、重要な港湾都市である。ブリンディジも歴史ある港町。レッチェは壮麗なバロック建築で知られる。質の高いオリーブとオリーブオイルの生産は国内でも有数で、州の重要な産業のひとつとなっている。

神聖ローマ皇帝にしてシチリア王フェデリーコ2世。南イタリアへの興味をかきたてるさまざまな業績とカリスマ的人物像とは？

Federico II è un personaggio storico, vissuto nel Medioevo, tra i più importanti della storia italiana ed europea. "Uffa! La storia occidentale è noiosa e troppo complicata!" Qualcuno di voi penserà così, lo so, ma se volete visitare il Sud Italia, il viaggio sarà molto più interessante conoscendo qualcosa di Federico II. In Puglia, come in Sicilia, ci sono infatti diversi posti legati a lui.

Una ragione per cui la storia europea sembra complicata ai giapponesi è che un personaggio ha spesso due nomi o appellativi[1]. Se ognuno avesse un nome unico, sarebbe tutto molto più facile!

Il nostro protagonista[2] si chiama ufficialmente Federico II di Svevia[3]; in Giappone è però conosciuto con il nome tedesco di Friedrich II, forse perché è stato l'Imperatore del Sacro Romano Impero[4], cioè di un territorio che comprendeva Germania e Italia. Ma attenzione! Esiste un altro Federico II! Federico II di Prussia[5], ossia "Federico il Grande", che era un re del Settecento ma adesso, qui... non c'entra.

Dunque, il "nostro" Federico II era re e imperatore allo stesso tempo. Era il Re del Regno di Sicilia[6], dopodiché è stato eletto e incoronato Imperatore del Sacro Romano Impero.

Federico II

La città di Palermo, dove Federico

è cresciuto e vissuto, era già molto civile e internazionale. Da piccolo ha imparato velocemente tante cose ed è presto diventato una persona geniale. Sapeva parlare almeno sei lingue ed era appassionato di caccia col falco. Infatti, come vedete nella figura, è ritratto con un falco. La sua corte[7] palermitana era prospera come una corte rinascimentale, già 300 anni prima del Rinascimento! Federico ha instaurato un buon rapporto con i Saraceni[8]. A Lucera, una città pugliese, ha costruito un insediamento musulmano[9].

Sotto il governo di questo sovrano carismatico, l'Italia godeva di un periodo di pace? Purtroppo no. Perché c'era un altro potere supremo: quello del Papa. La loro rivalità è stata feroce e i castelli rimasti in Puglia conservano i segni delle battaglie tra loro due. Federico II è morto nel 1250, in Puglia, in un paesino vicino a Foggia, che era la residenza imperiale.

---

1 appellativo: 称号   2 protagonista:［男女］登場人物   3 Svevia:（南ドイツの）シュヴァーベン。なお「ホーエンシュタウヘン（家）」と付されることもある。   4 Sacro Romano Impero: 神聖ローマ帝国 5 Federico II di Prussia: プロイセンのフリードリヒ2世。大王と呼ばれる。   6 Regno di Sicilia: シチリア王国   7 corte: 宮廷   8 Saraceno: サラセン人、イスラム教徒   9 insediamento musulmano: イスラム教徒定住地

⟩ VERO o FALSO ⟨

1 Federico II di Svevia è vissuto nel Settecento. (　)

2 Federico II ha uno stretto legame con l'Italia del Sud. (　)

3 Il Sacro Romano Impero comprendeva anche il territorio della Germania. (　)

4 Nel Medioevo Palermo era una città incivile. (　)

5 Federico II aveva un rapporto amichevole con il Papa. (　)

6 Nell'era di Federico II non c'erano guerre in Italia. (　)

➠ GRAMMATICA

1 仮定文

前半が se ＋ 条件節、後半が主節（結果の節）から成り立ちます。実際そうでないことや不可能なことを仮定し、結果を推測して述べる場合、〈**（前半）se ＋ 接続法半過去、（後半）条件法現在**〉となります。

Se ognuno **avesse** un nome unico, **sarebbe** tutto molto più facile!
それぞれがひとりひとつの名前だったらすべてがずっと簡単なのだが！

＊次の例も参照のこと。（→ p.130）

2 関係代名詞 che（主格）

先行詞が関係節の主語にあたる場合に用いられます。

un territorio **che** comprendeva Germania e Italia
ドイツとイタリアを含んでいた領土

3 関係副詞 dove

先行詞が場所を表す語の時、**in cui** や **a cui** に代わって用いられます。

La città di Palermo, **dove** Federico è cresciuto e vissuto ...
フェデリーコが成長し、生活したパレルモは……

§ 次のように、先行詞が場所を表す語であっても、関係節の主語にあたる場合は che を用いる。

... a Foggia, **che** era la residenza imperiale ...
皇帝の居住地であったフォッジャで……

➠ ESPRESSIONI

1 Non c'entra. 「それは関係ない。」

Cf. Lui non è della nostra squadra! — **Non c'entra**!
「彼は僕たちのチームじゃない！」「そんなこと関係ない！」

> ▶ **RUBRICA** ◀

Bari 近くの町 Andria 郊外には、Federico II が建設した Castel del Monte（デルモンテ城）がそびえています。イスラムの要素も取り入れた八角形構造の堂々たる要塞は、軍事建築でありながら美しく均衡のとれた独創的な姿で、彼自身も設計に携わったという説にもうなずけます。2022年5月には、服飾ブランド Gucci のショーの会場にもなりました。

1 che または dove を入れて文をつくり、日本語に訳しましょう。

1 Il paesino _____ è morto Federico II si chiama Fiorentino di Puglia.

2 Federico II è morto in un paesino _____ si chiama Fiorentino di Puglia.

3 Lavoro in una ditta _____ ha tanti impiegati stranieri.

4 Lavoro in un ristorante _____ vengono tanti turisti.

2 仮定の節に続ける主節として、①〜④の中から適切なものを選びましょう。すべて意味をなす文にしてください。

1 Se avessi più tempo libero, (   )

2 Se fossi in te, (   )

3 Se fossimo più giovani, (   )

4 Se potessero andare all'estero, (   )

① ricominceremmo a fare affari.

② non crederei a quello che dice lui.

③ sicuramente gli studenti imparerebbero molto.

④ andrei in palestra regolarmente.

3 単語のヒントを参考にして、アルベロベッロの「トゥルッリ」について書かれた文を日本語にしましょう。

I trulli sono tipiche abitazioni in pietra calcarea[1] di Alberobello, nel sud della Puglia. La tecnica di costruzione risale[2] all'epoca preistorica[3]. Per cui, non viene usato il cemento[4].

---

[1] pietra calcarea: 石灰石   [2] risalire: さかのぼる   [3] preistorico: 先史の   [4] cemento: コンクリート

フェデリーコ2世は、中世に生きた歴史上の人物で、イタリア史とヨーロッパ史において最も重要な人のひとりです。「あーあ、西洋史って退屈でややこし過ぎるんだよなぁ！」。皆さんの中でそう思った人、いますよね。わかります。でも、南イタリアを訪れたいなら、フェデリーコ2世について知っていることがあると、その旅は格段に興味深くなるでしょう。実は、シチリアと同様プーリアにも、彼にゆかりのあるさまざまな場所があるのです。

　日本人にとってヨーロッパの歴史がややこしく感じられる理由のひとつは、ひとりの人物がしばしば2つの名前や称号をもっている場合があることです。それぞれの人がひとりひとつの名前だったらずっと簡単なんですけどね！

　この話の主人公は、正式には「シュヴァーベンのフェデリーコ2世」という名前なのですが、日本では、ドイツ語名で「フリードリヒ2世」で知られています。おそらく、神聖ローマ帝国つまりドイツとイタリアを含む領土の国の皇帝だったからでしょう。ただしご注意ください。「フェデリーコ2世」はもうひとりいるんです！「プロイセン国王フリードリヒ2世」です。「フリードリヒ大王」とも呼ばれ、18世紀の王なのですが、今ここでは……無関係です。

　さて、われらがフェデリーコ2世は王であり同時に皇帝でもあります。シチリア王国の王であり、その後神聖ローマ帝国の皇帝に選ばれ戴冠されたのです。

　彼が育ち、生活したパレルモの町は、すでに非常に文明が進んでいて国際的でした。少年の頃、フェデリーコはたちまちたくさんのことを学んで、やがて天才的な人間に成長しました。少なくとも6か国語を話すことができ、また鷹狩りの愛好家でした。実際、ご覧のように肖像には鷹と共に描かれています。彼のパレルモの宮廷は、ルネサンスの宮廷さながらに繁栄していました。ルネサンスよりも300年も前なのに！　フェデリーコはサラセン人と良好な関係を築き、プーリアの都市ルチェーラにイスラム教徒定住地を建設しました。

　このカリスマ的君主の統治下で、イタリアは平和な時代を享受したのでしょうか。残念ながらそうではないのです。というのは、最高権力がもうひとつ存在したからです。教皇の力です。彼と教皇の敵対関係は苛烈で、プーリア州に残っているいくつかの城は、両者の戦いの名残を今もとどめています。

　フェデリーコ2世は、1250年、プーリア州の皇帝居住地だった町フォッジャ近郊の小さな村で、その生涯を閉じました。

18 BASILICATA

バジリカータ州

ルカーニア・ドロミーティとカステルメッツァーノの村

POTENZA

Matera

ABITANTI
539.999

SUPERFICIE
10.073,11 KM²

CAPOLUOGO
POTENZA

山や丘陵の多い地勢の一方で、イオニア（Mare Ionio）とティレニアという2つの海の海岸線をもつ。トレッキングやサイクリングなど山での活動と、カヌーやダイビングなど海や川でのスポーツが州内で楽しめる。州都ポテンツァは丘の上に位置し、歴史地区や市街地に長距離エスカレーターがあり、市民や観光客の移動手段となっている。

ここでは度胸があれば「天使」になれるようです。散策もいいですが、特別な方法で「天使」になり大自然を満喫してはいかがでしょう？

Cosa vi viene in mente a sentire "il volo dell'angelo"? Gli angeli dell'Annunciazione[1] presenti in molti capolavori della pittura? Oppure le eleganti figure progettate da Bernini sul Ponte di Sant'Angelo[2] a Roma? Niente di tutto ciò! Qui parliamo di angeli senza ali, di normali esseri umani, che però possono volare!

Sulle Dolomiti lucane[3], nel cuore della Basilicata, un robusto cavo d'acciaio[4] sospeso tra le vette[5] di due montagne, permette di effettuare **G1** "il Volo dell'Angelo" di cui vi parlo.

Una società organizza questa strepitosa[6] avventura per i turisti in cerca di emozioni forti. Stando alle informazioni del sito ufficiale, **G2** si parte dal borgo di Castelmezzano per arrivare a quello di Pietrapertosa (o viceversa) sfrecciando[7], attaccati a un cavo d'acciaio, alla velocità massima di 120 km/h[8]; e lo stesso procedimento[9] si ripete per tornare da dove **G2** si è partiti. Il sito dice che è un'esperienza straordinaria, a contatto con la natura e alla scoperta della vera anima del territorio.

Inoltre, "durante l'esperienza si ha la possibilità di osservare il suggestivo panorama delle Dolomiti lucane da un'altezza di ben 400 metri. Arrivati in uno dei due splendidi borghi, si avrà anche la possibilità di girare tra le abitazioni incastonate[10] tra le rocce, di fare suggestive escursioni storico-naturalistiche, di degustare[11] i prodotti locali ma, soprattutto, sarà possibile godersi lo splendido panorama circostante da un punto di vista insolito ed emozionante, una visuale che di norma[12] è privilegio delle sole creature alate: uccelli e... angeli."

A proposito, forse qualcuno di voi conoscerà già "le Dolomiti". Queste montagne della Lucania si chiamano, infatti, "Piccole Dolomiti lucane" perché assomigliano molto alle Dolomiti del Trentino-Alto Adige. Le loro cime hanno anche nomi molto suggestivi, come "la Civetta", "l'Aquila Reale" e "la Gran Madre".

Allora, siete pronti a volare tra le cime? Via!

Io? No, grazie. Preferisco restare a terra. Morirei di paura prima di arrivare alla meta. Ma per ⓖ³ coloro che avranno il coraggio di farla, sarà senz'altro un'avventura magnifica!

---

1 Annunciazione: 受胎告知　2 Ponte di Sant'Angelo: サンタンジェロ橋（ベルニーニが設計し弟子たちが作った天使像で装飾されている）　3 Dolomiti lucane: ルカーニア山脈のドロミーティ　4 cavo d'acciaio: 鋼鉄製のケーブル　5 vetta: 峰　6 strepitoso: 絶大な、ものすごい　7 sfrecciare: 矢のように速く飛ぶ　8 km/h: chilometri l'ora の略　9 procedimento: やり方　10 incastonato: はめこまれた　11 degustare: 試食する　12 di norma: 通常は

⟩ VERO o FALSO ⟨

1 Nel "volo dell'angelo" si indossano delle ali di plastica. ( )

2 Questo "volo" è un servizio di trasporto pubblico. ( )

3 Si può partire anche dal borgo di Pietrapertosa. ( )

4 A Castelmezzano non c'è altro di interessante oltre alla natura. ( )

5 Le Dolomiti lucane prendono il nome da quelle del Trentino-Alto Adige. ( )

6 Anche i più paurosi provano volentieri "il volo dell'angelo". ( )

➡ GRAMMATICA

1 関係代名詞 cui

関係代名詞を使う文において先行詞が前置詞を伴う場合、〈**前置詞 + cui**〉を用います。(→ p.58)

① parlare di ... は「〜について話す」。前置詞 di を伴うので cui を用います。

"il Volo dell'Angelo" *di cui* vi parlo
私があなたたちに話している「天使の飛翔」

② di 以外の前置詞でも同様。ただし a の場合は省略もできます。

Cf. La ragazza (*a*) *cui* ho regalato i fiori è Chiara.
僕が花を贈った女の子はキアーラだ。

2 非人称の si ── 現在と近過去

非人称の si を用いて「一般的に人々が〜する」意味を表した動詞が近過去になる場合、動詞の変化は三人称単数ですが、過去分詞は男性複数形です。

現在：si parte　出発する　　　近過去：si è partiti　出発した

Lo stesso procedimento si ripete per tornare da dove *si è partiti*.
出発したところに戻るために、同じやり方が再び行なわれる。

3 関係代名詞 che ── coloro と共に使う場合

先行詞が coloro の時、coloro che で「〜するところの人々」となります。動詞は三人称複数です。

coloro che avranno il coraggio di farla
それをする勇気がある人たち

▶ RUBRICA ◀

マテーラのサッシ (I Sassi di Matera) は、谷の石灰岩の岩場を掘った洞窟住居のこと。近くには旧石器時代の出土品もあるといいます。19 世紀まで人々は比較的快適に過ごしていましたが、やがて住環境として劣悪な状態になり、一時は廃墟と化しました。その後、その価値が見直され、1993 年にはユネスコ世界文化遺産に。現在では国内外の観光客に人気の地となっています。

➡➡ ESERCIZI

1 日本語に合うように、[　　]の単語をすべて使って並べ替え文をつくりましょう。動詞は適切な形にしましょう。

1 これが私が君にいつも話しているお店だよ。
[il negozio, questo, essere, parlare, di, sempre, ti, cui]

2 政治は私たちがよく話すテーマではない。
[un argomento, essere, di, la politica, cui, non, parlare, spesso]

3 教育は、彼らがすぐにも必要としている支援だ。
[avere, l'educazione, essere, cui, subito, di, il supporto, bisogno]

2 前置詞 per, in, a, con から適当なものをひとつ選んで文をつくりましょう。その文を日本語にしましょう。

1 Marcello è il compagno di scuola ＿＿＿＿＿＿ cui ho giocato insieme.

2 Questo è il bosco ＿＿＿＿＿＿ cui abitano vari tipi di animali selvaggi.

3 Il sig. Conti è il collega ＿＿＿＿＿＿ cui chiedo spesso i consigli.

3 che または cui を入れて文をつくりましょう。その文を日本語にしましょう。

1 Un museo è un luogo ＿＿＿＿＿＿ visito volentieri.

2 Come si chiama il signore a ＿＿＿＿＿＿ devi restituire i soldi?

3 La Basilicata è ideale per coloro ＿＿＿＿＿＿ vorranno godersi la natura.

「天使の飛翔」と聞いて皆さんは何を思い浮かべますか。数多くの《受胎告知》の絵画の傑作に登場する天使たちでしょうか。あるいはローマのサンタンジェロ橋を飾る、ベルニーニが設計した優雅な天使像かもしれませんね。そのどれでもないのです！　ここでは翼のない天使、普通の人間、だけど飛べる、そういう天使の話をしましょう！

　バジリカータ州の中央部、ルカーニア山脈のドロミーティの上で、2つの峰の間を渡して吊り下がった頑丈な鋼鉄製のロープ、それによって、皆さんにお話する「天使の飛翔」が実現するのです。

　ある会社が、強烈な感動を求める観光客に向けて、このすごい冒険を企画しています。その公式サイトの情報を信じるならば、カステルメッツァーノの村から、鋼鉄製ロープに結びつけられた状態で、最速時速120キロメートルに達する速さで飛び立って出発し宙を翔け、ピエトラペルトーザの村に着きます（またはその逆もあり）。そして、同じ要領で、出発地点に戻るため再び飛翔するというのです。自然と触れ合いその地の神髄を発見する、たぐいまれな体験だということです。

　さらにはこう書かれています。「その体験の間には、400メートルもの高さから、ルカーニア・ドロミーティの心に迫る風景を眺めることができる。すばらしい2つの村のうちのひとつに着いたら、岩の間にはめこまれた家々を縫って散策したり、自然と歴史を楽しむ魅力的なハイキングをしたり、特産品を試食したりすることができるだろう。だが、とりわけ、ふだんとはまったく違う、感動にあふれた視点から見る周りのすばらしい景色、通常なら翼あるもの ── 鳥と天使 ── しかもち得ない特権の眺めを、楽しむことができるのだ」。

　ところで、皆さんのうち誰かはすでに「ドロミーティ」という名前を知っているでしょうね。ルカーニア山脈のこの山々は、トレンティーノ゠アルト・アディジェ州のドロミーティにとてもよく似ていることから、実際「ルカーニア山脈の小ドロミーティ」というのです。その山頂には魅力いっぱいの名前もついています。「フクロウ」「ロイヤルイーグル（王様ワシ）」「偉大なる母」などなど。

　では皆さん、峰々を飛び渡る準備はいいですか？　それっ！

　私？　私は結構、遠慮します。地上にいるほうがいいです。目的地に着く前に恐怖で死んでしまいますから。でも、やってみようという勇気のある人たちには、驚くほど素敵な冒険であること間違いなしですね！

19 CALABRIA

トロペーアの岬に建つ聖所記念堂

ABITANTI
1.844.586
SUPERFICIE
15.221,61 KM²
CAPOLUOGO
CATANZARO

Stretto di Messina　**CATANZARO** ■

• Tropea

• Reggio Calabria

州の多くの部分が美しい海に面しており、メッシーナ海峡（Stretto di Messina）を隔てて
シチリア島が位置する。シーラ（Sila）やアスプロモンテ（Aspromonte）など広大な国立
公園を有し、海洋保護地区でも豊かな自然と動植物を守る。古代ギリシア、古代ローマ、
ビザンティンやノルマン、諸外国の文明の影響を多く残す。

農家の青年がある「研究」のためトロペーアにやってきました。その研究とは? そしてそれを支えてくれる強力な助っ人とは?

Sono nato e cresciuto nell'Isola di Awaji, della Provicia di Hyogo. Sapete che quest'isola è conosciuta per la coltivazione[1] di ottime cipolle? I miei genitori sono, infatti, proprio coltivatori di cipolle, e in futuro certamente **G1** dovrò ereditare questo loro lavoro. Ma io non vorrei solo coltivarle, vorrei anche proporre ricette innovative[2] a vari ristoranti dell'isola e della provincia. E proprio per questo motivo, adesso mi trovo a Tropea! Le cipolle rosse di Tropea sono note[3] in tutta Italia per la loro qualità. Durante il soggiorno studierò le cipolle mangiando piatti sia tradizionali che... creativi! Sono qui per una decina di giorni, ospite[4] presso una famiglia. Per fortuna ho trovato una famiglia ospitante ideale, dove c'è una bravissima cuoca: la signora Marcella!

꧁꧂

MARCELLA: Tomoya, che fai oggi? Pranzi a casa?

TOMOYA: No, oggi vado a fare un giro. Visiterò il Santuario[5] e per pranzo mangerò in qualche trattoria.

MARCELLA: Occhio[6]! Oggi è lunedì. **G3** Le trattorie saranno chiuse.

TOMOYA: Mamma mia! Se non mangio cipolle a ogni pasto, il mio progetto fallirà!

MARCELLA: Ma che dici? Non ti preoccupare! Ti preparo una colazione a sacco[7]. Che ne dici di bruschette piene-piene di cipolla? Ti faccio anche un panino con pecorino e speck[8].

TOMOYA: Grazie mille! Il panino lo posso mangiare facendo una passeggiata sul lungomare.

MARCELLA: [E2] Mi raccomando, però, non lasciare rifiuti sulla spiaggia!

TOMOYA: Lo so, lo so! Condivido con voi l'amore per il mare, perché anche per l'Isola di Awaji, la mia isola nativa, il mare è importante. Non c'è cosa più triste di un mare e una spiaggia sporchi.

MARCELLA: [E1] Sono contenta di sapere che anche in Giappone rispettate il mare! Allora, stasera a cena, assaggerai cipolle gratinate[9] e insalata con tonno, fagioli e cipolle. Però se vuoi imparare come si prepara, devi tornare a casa per le sette.

TOMOYA: Senz'altro! Anzi, non vedo l'ora di vederla cucinare! [G2] Quasi quasi preferirei mangiare sempre i suoi pasti, senza nemmeno andare per ristoranti.

MARCELLA: E che problema c'è? Sono sicura che, in dieci giorni e solo usando le cipolle di Tropea, [G2] potrei preparare ogni volta un piatto diverso!

---

1 coltivazione: 栽培　**2** innovativo: 革新的な　**3** noto: 有名な　**4** ospite: 下宿人　**5** Santuario: 聖所記念堂（ここでは Santuario di Santa Maria dell'Isola）　**6** Occhio!: 気をつけて！　**7** colazione a sacco: お弁当　**8** speck: スペック（燻製生ハムの一種）　**9** gratinato: グラタンの

〉 VERO o FALSO 〈

1　I genitori di Tomoya coltivano cipolle.　　　　　　　　　　　　　　　(　　)

2　Tomoya non vuole coltivare cipolle perché gli interessano altri mestieri.　(　　)

3　Tomoya è venuto a Tropea per studiare le cipolle a una scuola di cucina.　(　　)

4　Stasera, a cena, Tomoya mangerà un panino e delle bruschette preparati da Marcella.　　　　　　　　　　　　　　　　　　　　　　　　　(　　)

5　All'inizio Marcella temeva che Tomoya sporcasse la spiaggia.　　　　　(　　)

6　Marcella cucina volentieri per Tomoya ma non vuole che lui impari le sue ricette.　　　　　　　　　　　　　　　　　　　　　　　　　　　(　　)

➡️ GRAMMATICA

1 補助動詞 dovere

義務や必要を表す「〜しなければならない」「〜に違いない」という必然のほか、「〜のはずである」という高い可能性を表します。

Dovrò ereditare questo loro lavoro.
僕は彼らのこの仕事を継ぐことになるはずだ。

2 条件法現在の用法

直説法に比べ、丁寧で控え目なニュアンスが加味されます。

① Quasi quasi **preferirei** mangiare sempre i suoi pasti.
いつもあなたの料理を食べる方がいいかもしれないなぁ。

§ quasi quasi を加えることにより、迷っている気持ちがさらに強く表現される。

② **Potrei** preparare ogni volta un piatto diverso!
私なら、毎回違った料理をつくることができるだろう！

3 直説法未来の用法

意志の表現や未来の予想・推測のほか、現在における推測を述べるのにも用いられます。

Le trattorie **saranno** chiuse.
レストランは閉まっているだろう。

➡️ ESPRESSIONI

1 Sono contenta(-o) di sapere che 〜 「〜ということを知って、私はうれしい」

Sono contenta di sapere che anche in Giappone rispettate il mare!
日本でもあなたたちが海を大切にしているのを知ってうれしいよ！

2 Mi raccomando! 「お願いだよ！」[会話表現]

Cf. Prendi il treno delle 9:25! **Mi raccomando**, quello delle 9:25!
9時25分の電車に乗るんだよ、頼むよ、いいかい、9時25分だよ！

>**RUBRICA**

豊かな食文化を誇る風光明媚な州には、ンドランゲタ（'Ndrangheta）の拠点という負の側面も。シチリアのマフィア、カンパニアのカモッラ（Camorra）に並ぶ犯罪組織です。対抗する司法の戦いが続いています。

➤➤ ESERCIZI

1 ［　　］で指示された動詞を使って、会話文をつくりましょう。現在のことについて推測する文です。

1 È una bellissima giornata!

— ＿＿＿＿＿＿＿＿ tanta gente sulla spiaggia. ［esserci］

2 Come stanno i tuoi nonni?

— ＿＿＿＿＿＿＿＿ bene, ma non li sento da tanto tempo. ［stare］

3 È già l'una e mezza. — I miei figli ＿＿＿＿＿＿＿ fame. ［avere］

Non ＿＿＿＿＿＿＿ prepararsi da mangiare. ［sapere］

2 日本語に合うように、［　　］の単語をすべて使って並べ替え文をつくりましょう。動詞は正しい形にしましょう。本文に類似の表現があります。

1 そのワインを試飲してみたくてたまらない。

［ vedere, assaggiare, vino, non, l'ora, quel, di ］

_____

2 レッジョ・カラーブリアからシチリアが見えるって、君知ってる？

［ la Sicilia, che, si, vedere, da, sapere ］

_____ Reggio Calabria?

3 カラーブリアのトウガラシを使った料理はどう？

［ dire, che, un piatto, ne, di, con ］

_____ il peperoncino calabrese?

3 essere または dovere の未来形を＿＿＿に入れて推測の文をつくり、その文を日本語にしましょう。

1 Il capoluogo della Calabria è Catanzaro, ma Reggio Calabria ＿＿＿＿ forse più conosciuta.

_____

2 Chi ha scoperto i bronzi di Riace ＿＿＿＿ certamente essere rimasto stupito.

_____

僕は兵庫県の淡路島で生まれ育った。淡路島はとてもおいしいタマネギの栽培で有名だって知ってるかい？　僕の両親もやはりタマネギ栽培農家なんだ。将来きっと僕は後を継いでその仕事をすることになる。でも僕は、栽培だけじゃなくて、新しい調理法を島や県のさまざまな料理店に提案していきたいと思っている。そのために、ここトロペーアに来ているんだ。トロペーアの赤タマネギは、その品質の高さでイタリア中に知られている。この滞在の間に、伝統的な料理やそれに創造的な料理を食べて、タマネギを研究するんだ！　トロペーアには10日ほどホームステイする予定だ。幸い、ホームステイにぴったりの家が見つかった。すごく料理上手な女性がいるんだ。マルチェッラさんというんだよ！

⇌∞⇌

マルチェッラ：友也、今日の予定は？　お昼は家で食べるの？

友也：いえ、今日は散策に出ます。聖所記念堂を訪れてから、昼はどこかのトラットリアで食べるつもりです。

マルチェッラ：気をつけなさいよ！　今日は月曜で、トラットリアはどこも休みよ。

友也：そりゃないよ！　どうしよう……毎食タマネギを食べられないと、僕の計画は失敗に終わっちゃうよ！

マルチェッラ：なに言ってるの、心配いらないよ！　お弁当を作ってあげるから。タマネギたっぷりのブルスケッタはどう？　ペコリーノチーズとスペックのパニーノも作ってあげる。

友也：ありがとう！　パニーノなら、海岸を散歩しながら食べられる。

マルチェッラ：でも、頼むから、浜にごみを捨てて行ったりしてはだめだよ！

友也：よくわかっています！　皆さんの海を思う気持ち、僕も同じですよ。僕の生まれた淡路島でも、海は大切なんです。海や浜が汚れることほど悲しいことはありませんよ。

マルチェッラ：日本でも海を大事にしているとわかって、うれしいよ！　じゃ、今夜は夕食にタマネギのグラタンと、マグロとインゲン豆とタマネギのサラダを食べてみてね。でも作り方を習いたいっていうなら7時には帰ってこないといけないよ。

友也：必ず帰ります！　いや、料理しているところをすぐ見たいぐらいだ。もうレストランには行かずに、ずっと毎食マルチェッラさんの食事にしたほうがいいかも。

マルチェッラ：かまわないよ、私ならきっと、トロペーアのタマネギを使って、10日間、毎回違う料理を出すことができるだろうから！

20 SICILIA

パレルモのドゥオーモ

ABITANTI	**4.801.468**
SUPERFICIE	**25.832,55** KM²
CAPOLUOGO	**PALERMO**

周辺の島々を含めて自治州を構成する。自然、歴史、文化、食などにおいて国内有数の豊かさと独特さをもつ。古代からギリシアやローマ、東ローマ帝国、イスラム、ノルマンなどの勢力下で多彩な文化の影響を受ける。13世紀初頭にはフェデリーコ2世のもとパレルモが繁栄した。その後はスペインやフランスの支配下に入る。トリナクリアという名の紋章も興味深い。

仕事で初めてパレルモに来た涼子と、車で空港に迎えに来た関連会社の社員ニーノとの会話。シチリア文化に加えマフィアも話題に。

RYOKO: Ho notato che l'aeroporto di Palermo è intitolato a "Falcone e Borsellino". Sono due persone?

NINO: Sono due magistrati[1] di gran merito per la loro campagna[2] contro la mafia. Ma ^{G1} hanno perso la vita combattendola.

RYOKO: Cioè, sono stati uccisi dalla mafia?

NINO: Esatto. Giovanni Falcone stava viaggiando in auto con la moglie e con gli agenti della scorta proprio sull'autostrada dall'aeroporto a Palermo. Cosa Nostra[3] aveva messo lì un esplosivo[4] che ha ucciso Falcone nel maggio del 1992. Il suo amico e collega Paolo Borsellino, invece, sarà ucciso un mese e mezzo dopo, sempre dalla mafia.

RYOKO: Che orrore.... La mafia è terribile. Agisce proprio come in un film.

NINO: Beh, questa è una tragica realtà, non è finzione. Infatti c'è gente che confonde le due cose. In Germania, una pizzeria tedesca è stata chiamata proprio "Falcone & Borsellino" e, per decorazione[5], la foto di Falcone e Borsellino era accanto a quella de *il Padrino*[6], di Marlon Brando[7], l'attore che recitava la parte del capomafia. L'Italia ha protestato per questa mancanza di rispetto per la memoria di due paladini[8] della giustizia.

RYOKO: Capisco.... Ma anche io non ho mai pensato seriamente alla storia della mafia e dell'antimafia. ^{E1} Mi sento un po' stupida....

NINO: Ma no! Lei è una persona seria con volontà di imparare! E poi la mafia non è mica l'unico aspetto siciliano. La Sicilia è una terra speciale piena di cultura, bellezza e allegria! Lei, che programma

ha? Oltre il lavoro avrà tempo anche per fare turismo?

RYOKO: ^{G2}Quando avrò finito il lavoro avrò tre giorni liberi!

Innanzitutto vorrei visitare Palermo per bene: vedere la Cattedrale,

il Palazzo dei Normanni, le chiese....

NINO: Ottima idea! Sono tutte testimonianze della fusione[9] armoniosa,

tipica di Palermo, tra la civiltà araba e quella normanna[10]. Vada

anche a Monreale a vedere il Duomo e i bellissimi mosaici!

RYOKO: Senz'altro! Poi vorrei visitare il mercato....

NINO: Vuccilia! Ci troverà pesci spada[11] grandi così!

RYOKO: Oltre a Palermo cos'altro mi consiglia di vedere?

NINO: Uhm... Taormina, Agrigento, Siracusa... sono decisamente da

visitare, ma sono troppo lontane.... Trapani, ecco! È una città di

porto con un paesaggio molto originale! E poi c'è la salina[12]!

---

1 magistrato: 判事　2 campagna: 撲滅活動　3 Cosa Nostra: コーザ・ノストラ（シチリア・マフィア）
4 esplosivo: 爆弾　5 decorazione: インテリア装飾　6 il Padrino: 映画『ゴッドファーザー』　7 Marlon
Brando: マーロン・ブランド　8 paladino: 守護者　9 fusione: 融合　10 normanno: ノルマンの　11 pesce
spada: カジキマグロ　12 salina: 塩田

⟩ VERO o FALSO ⟨

1　Quando Falcone è stato assassinato, non c'erano uomini della scorta a
proteggerlo. 　　　　　　(　)

2　Borsellino è stato ucciso prima di Falcone. 　　　　　　(　)

3　Nino ha criticato la pizzeria "Falcone & Borsellino". 　　　　　　(　)

4　Nino si è arrabbiato con Ryoko perché lei non conosceva la storia italiana. (　)

5　Palermo esprime l'armonia tra la cultura araba e quella normanna. 　(　)

6　Rispetto a Taormina, Trapani è più vicina a Palermo. 　　　　　　(　)

➻ GRAMMATICA

1 ジェルンディオ ── 補語人称代名詞を伴う場合

直接補語や間接補語が動詞のジェルンディオとともに用いられる時、その末尾につきます。

> Hanno perso la vita **combattendola**.
>
> 彼らはそれ（マフィア）と戦っているさなかに命を失った。

*la は前文の la mafia に代わる直接補語。combattere の目的語。

2 先立未来

節を用いた未来形の文で、未来の中ですでに完了している行為に用いられます。

> Quando **avrò finito** il lavoro avrò tre giorni liberi!
>
> 仕事を終えたら、3日間の自由な日があるだろう。

➻ ESPRESSIONI

1 sentirsi ＋ 形容詞 「自分が〜のような気がする、感じがする」

形容詞は、**stanco**（疲れた）、**fortunato**（幸運だ）、**commosso**（感動した）、**depresso**（憂うつだ）などで、語尾は主語の性・数に一致します。**bene**（気分が良い）、**male**（気分が悪い）も用いられますが、形容詞ではなく副詞なので、語尾変化はありません。

> **Mi sento** un po' stupida.
>
> 私は自分が少し愚かだと感じている。

> Cf. Come **ti senti**, nonna? ── **Mi sento** bene, anzi, benissimo!
>
> 「おばあちゃん、気分はどう？」「いいわよ、いや最高よ！」

> ◤ **RUBRICA** ◢

ランペドゥーザ (Lampedusa) はアグリジェント県に属する島。イタリア最南端に位置し、地中海の美しい風景は多くの観光客を魅了します。しかし、近年はアフリカからの移民・難民の目的地になり、対策として収容センターが設立されました。到着する難民は数万人規模で収容能力を大きく超え、また近海で海難事故に遭う船も後を絶たず、イタリアのみならずヨーロッパ全体の問題となっています。

➠ ESERCIZI

1 例にならい、日本語に合うように文をつくりましょう。

例 仕事を終えたら、3日間の自由な日があるだろう。

➠ Quando avrò finito il lavoro avrò tre giorni liberi!

1 任務を終えたら外交官たちは出発するだろう。

Quando _____ la missione, i diplomatici partiranno.

2 明日の朝にはすべての返信が届いているだろう。

Domani mattina tutte le risposte _____ .

3 来月卒業する時、私は百冊以上の本を読んだことになるだろう。

Quando il mese prossimo mi laureerò, _____ più di cento libri.

2 例にならい、ジェルンディオを用いて下線部の従属節を書き換えましょう。それから日本語にしましょう。

例 Mentre lo aspettavo, gli ho spedito due email.

➠ Aspettandolo, gli ho spedito due email.
私は彼を待ちながら彼にメールを2通送った。

1 Se la conosci profondamente, la Sicilia ti piacerà sempre più.

_____ , la Sicilia ti piacerà sempre più.

2 Se ne assaggiate un po', capirete la qualità dei vini siciliani.

_____ , capirete la qualità dei vini siciliani.

3 Poiché si trova vicino al Nord-Africa, il clima della Sicilia certamente somiglia a quello africano.

_____ , il clima della Sicilia certamente somiglia a quello africano.

涼子：気づいたんですけど、パレルモ空港には「ファルコーネ・ボルセッリーノ」という名前がついているんですね。2人の人物ですか?

ニーノ：マフィアの撲滅活動に大きな功績を残した2人の判事ですよ。しかしマフィアとの戦いのさなかに命を落としたのです。

涼子：マフィアに殺されたんですか?

ニーノ：そうです。ジョヴァンニ・ファルコーネは妻やボディガードたちと高速道路を車で空港からパレルモ市内に向かっていた。マフィアはファルコーネを殺害するためその道路に爆弾を仕掛けていたんです。1992年5月のことです。一方、彼の盟友パオロ・ボルセッリーノは、その1年半ののち、やはりマフィアに殺されました。

涼子：なんてこと……マフィアって怖い。ほんとに映画みたいなんですね。

ニーノ：でもこれは悲惨な現実であって、フィクションじゃない。この2つを混同している人たちがいる。ドイツでは、よりによって「ファルコーネ・ボルセッリーノ」という名前がつけられたドイツ人経営のピッツァ専門レストランがあって、インテリア装飾としてファルコーネとボルセッリーノの写真が映画の『ゴッドファーザー』の写真と並べて置かれていたんです。マフィアのボスを演じた俳優マーロン・ブランドの写真と。イタリアは、正義の守護者である2人の業績の記憶に対して敬意を欠いているとして、抗議しました。

涼子：わかります……。でも私だってマフィアやマフィア撲滅の歴史のことを真剣に考えたことはなくて、ちょっと、自分は浅はかだなって……。

ニーノ：そんなことないですよ! あなたは学ぶ意欲を持った真面目な人ですよ! それに、まさかマフィアだけがシチリアの唯一の顔ってわけじゃない。シチリアは、文化と美しさと明るさに満ちた特別な土地なんです。ねぇ、滞在スケジュールはどんな感じですか? 仕事の他に、観光の時間はあるんですか?

涼子：仕事が終わったら、フリーの日が3日あるんです! まずはパレルモをしっかり見て回りたいです。大聖堂にノルマン宮殿、いろんな教会とか……。

ニーノ：それはいいですね! そういう場所はみんな、アラブとノルマンの文明が融合したパレルモの典型的な特徴がとても良く表れていますよ。モンレアーレにも、ドゥオーモと美しいモザイクを見に行ってくださいね!

涼子：必ず行きます! それからあの市場にも行きたいわ、ええと……。

ニーノ：ヴッチリア! こーんな大きいカジキマグロが見られますよ!

涼子：パレルモ以外には、どんなお勧めの場所がありますか?

ニーノ：うーん、タオルミーナ、アグリジェント、シラクーザ、どれも絶対行くべきだけど、遠すぎるなぁ……。そうだ、トラーパニ! 港町で、独特の風景なんですよ。塩田もあるし!

21 SARDEGNA

先史時代の遺跡ヌラーゲ

ABITANTI	**1.579.181**
SUPERFICIE	**24.099,45** KM²
CAPOLUOGO	**CAGLIARI**

• Costa Smeralda

CAGLIARI

周辺の島を含めて自治州を構成するが、すぐ北のコルシカ島はフランス領。先史時代のヌラーゲ遺跡を初め、紀元前8世紀からはフェニキア（Fenici）とカルタゴ（Cartaginesi）、紀元前3世紀からはローマの影響を受け、重要な考古学遺跡が多数存在する。中世以降も大国の征服の対象であり、18世紀から19世紀にはピエモンテとともにサルデーニャ王国を形成した。

127

美しい海と牧歌的な風景のイメージが強いこの島がもつ先進的な側面。
再生可能エネルギーとクリーンな電力を生み出す源とは?

Il termine "SDGs" è la sigla inglese per "Sustainable Development Goals", in italiano: "Obiettivi di Sviluppo Sostenibile". Ci sono infatti 17 obiettivi, fissati dall'ONU[1], da raggiungere entro il 2030, e tra questi due di essi[2] riguardano problemi globali come "i cambiamenti climatici" e "i sistemi di energia economici, affidabili[3], sostenibili e moderni". Ma [G1] in che modo questi argomenti sono legati alla Sardegna?

Nell'immaginario di molte persone, la Sardegna è forse una terra ancora selvaggia. Il suo mare è tra i più belli, ed è famoso il suo paesaggio preistorico[4] costellato[5] di nuraghi[6], i resti archeologici di pietra tipici della Sardegna. Per questo motivo molti turisti italiani e stranieri ci viaggiano volentieri e la Costa Smeralda è scelta dalle celebrità del mondo come luogo di soggiorno e vacanze.

Ma questi sono solo aspetti parziali della Sardegna! Quest'isola è così ricca di potenzialità da poter addirittura diventare, appunto, un luogo di grande avanguardia per lo "sviluppo sostenibile"!

Secondo il sito dell'Enel Group, l'ex Ente[7] Nazionale per l'Energia Elettrica in Italia, [G2] la Sardegna potrebbe diventare un territorio esclusivamente elettrificato, grazie allo sfruttamento[8] dei suoi doni naturali: acqua, sole e vento. Ecco, questi tre elementi — tutti insieme — sono il grandissimo vantaggio della

Sardegna! Sempre secondo l'Enel: la Sardegna ha un potenziale enorme per lo sviluppo di fonti rinnovabili[9] di energia: l'irraggiamento[10] solare è elevato su tutto il territorio ed è una delle regioni ai primi posti per ventosità[11].

L'elettrificazione punterà a migliorare i trasporti, sia pubblici che privati, a eliminare il carbone[12] e dunque ridurre l'inquinamento. Questa strategia ecologica favorirà la vita dei residenti sardi ma gioverà anche al turismo.

G3 Se poteste avere l'occasione di visitare la Sardegna, sarebbe interessante ammirarla anche da questo nuovo punto di vista, osservando la vita quotidiana della gente e perfino scoprendo nuovi modi di immaginare il futuro del nostro pianeta.

---

1 ONU: 国連　2 essi: それら（3人称複数男性形の代名詞）　3 affidabile: 信頼性のある　4 preistorico: 先史時代の　5 costellato: 散らばった　6 nuraghi: ヌラーゲ（大きな塔状の石造建築物。単数は nuraghe［男]）　7 ente: 公社　8 sfruttamento: 活用　9 rinnovabile: 再生可能の　10 irraggiamento: 光の発散　11 ventosità: 風の吹きやすさ　12 eliminare il carbone: 脱炭素を実施する（炭素を出す化石燃料使用を廃止する）

﹥ VERO o FALSO ﹤

1 L'unico fascino della Sardegna è la sua bellezza selvaggia.　　　　　（　　）

2 La Sardegna potrà diventare "leader" delle energie rinnovabili.　　（　　）

3 La potenzialità della Sardegna si basa sulla natura: sole, acqua e vento.　（　　）

4 Eliminando il carbone l'aria diventa più pulita.　　　　　　　　（　　）

5 In Sardegna l'energia elettrica non servirà ai trasporti privati.　（　　）

6 Gli abitanti della Sardegna non potranno godere dei vantaggi dell'elettrificazione.　　　　　　　　　　　　　　　　　　　（　　）

➠ **GRAMMATICA**

1 疑問詞

in che modo 「どのような方法で」「どんなふうに」。疑問詞 **che** は名詞を後ろに置くことがあります。そのうえで、前置詞も伴う場合があります。

> ***In che modo*** questi argomenti sono legati alla Sardegna?
>
> これらのテーマがどのようにサルデーニャとつながっているのか？

> *Cf.* ***Di che colore*** era il vestito di quell'uomo?
>
> その男の服は何色でしたか？

2 条件法現在の用法

条件法は、何かの条件のもとでの可能性を推測して述べる表現です。

> La Sardegna ***potrebbe*** diventare un territorio esclusivamente elettrificato.
>
> サルデーニャならば、もっぱら電気だけの電化地域になり得るだろう。

> § 他に、丁寧で控え目なニュアンスを加える用法（→ p.22, p.118）、仮定文での結果の節（後述）の用法がある。

3 仮定文

前半が se + 条件節、後半が主節（結果の節）から成り立ちます。実際そうでないことや不可能なことを仮定し、結果を推測して述べる場合、〈**(前半) se + 接続法半過去、(後半) 条件法現在**〉となります。

> Se ***poteste*** avere l'occasione di visitare la Sardegna, ***sarebbe*** interessante ammirarla anche da questo nuovo punto di vista.
>
> もしあなたたちがサルデーニャを訪れる機会があったら、こうした新しい視点からこの地を賛嘆の目で眺めてみるのもきっと興味深いだろう。

> § 後半は不定詞の非人称構文。**ammirarla** の **la** は **Sardegna** に代わる直接補語。

*次の例も参照のこと。（→ p.106）

▰ RUBRICA ▰

荒涼たる自然、羊の群れ、羊飼いの過酷な暮らし……。この島のそんなイメージを広げたのは、映画『父パードレ・パドローネ (*Padre Padrone*)』かもしれません。ガヴィーノ・レッダ (Gavino Ledda) の自伝的小説が原作。羊飼いの少年は成長し、サルデーニャ方言を研究する言語学者となります。

➤➤ **ESERCIZI**

1 [　]に指示された動詞を条件法にして、日本語のニュアンスに合わせた文をつくりましょう。

1 サルデーニャの料理人なら魚料理は得意だろう。[essere]

I cuochi sardi _____ bravi a cucinare il pesce.

2 サルデーニャの漁師なら、地中海のすみずみまで知っているだろう。[conoscere]

I pescatori sardi _____ ogni angolo del Mediterraneo.

3 僕の妻ならこのサルデーニャのおいしい羊肉に興味を示さないだろう。
ベジタリアンなんだ。[mostrare]

Mia moglie non _____ interesse per questo buon montone sardo.
È vegetariana!

2 例にならい、指示された動詞を接続法半過去と条件法にして、仮定文をつくりましょう。できた文を日本語にしましょう。

例 [essere (tu) / fare (tu)]
➤➤ Se fossi in me, cosa faresti?
　もし君が僕だったら、どうする？

1 [sapere (io) / fare (io)]
Se _____ guidare, _____ un giro con la macchina di tutta l'isola.

2 [venire (voi) / portare (noi)]
Se _____ da noi, vi _____ al parco archeologico.

3 [avere (loro) / comprare (loro)]
Se ne _____ voglia, loro _____ una villa in Sardegna.

3 次の会話を日本語にしましょう。

In che modo si può arrivare in Sardegna dall'Italia?
— Credo che ci sia un traghetto da Roma. Direi anche da Genova.

SDGsという言葉は英語の「持続可能な開発目標」の略称で、イタリア語では Obiettivi di Sviluppo Sostenibile といいます。国連が2030年までに到達すべき17の目標を定めていて、そのうちの2つは、「気候変動」と「経済的で信頼性のある、持続可能で近代的なエネルギーシステム」という地球の問題に関わるものです。しかし、これらのテーマがサルデーニャとどのようにつながりがあるのでしょう。

　多くの人のイメージでは、サルデーニャはおそらく今も未開の地という感じでしょう。その海は最も美しい海に数えられ、ヌラーゲというサルデーニャ独特の石造りの古代遺跡が点在する、先史時代のような風景がよく知られています。それらに惹かれてイタリア内外の多くの観光客がこの地を旅するのを楽しみ、またコスタ・ズメラルダはヴァカンスの滞在地として世界中のセレブに選ばれているのです。

　しかし、これらはサルデーニャの一面にすぎません。この島は、まさに、「持続可能な発展」の偉大な最前線の地となり得るような潜在力に満ちているのです！

　エネル・グループ（Enel Group、旧イタリア電力公社）の公式サイトによると、サルデーニャは、その自然からの賜物、すなわち水と太陽と風を活用することで、もっぱら電気だけ使用した電化地域となることが可能だそうです。この3つの要素がすべて合わさると、それはサルデーニャのきわめて有利なポイントになるのです！　エネルは次のように言います。「サルデーニャは、再生可能エネルギー源の開発に向けて、巨大な潜在力を持っている。太陽光はイタリア全土で最高で、風の吹きやすさでも上位の州に入る」。

　電化は、公共交通や個人の交通手段を向上させ、脱炭素を実現し、それにより大気汚染を減少させることに狙いを定めています。エコロジーに基づいたこの戦略は、住民の生活に役立つだけでなく、観光にも寄与することでしょう。

　サルデーニャを訪れる機会があったら、人々の日常生活を観察したり、さらにはこの地球の未来を想像し得るような新たな方策を発見したりしながら、こうした新しい視点からこの地を賛嘆の目で眺めてみるのもきっと興味深いでしょう。

22 REPUBBLICA DI SAN MARINO

サンマリノ共和国

山頂に位置するサンマリノの町

ABITANTI
33.627 (2020)
SUPERFICIE
61,07 KM²
CAPOLUOGO
SAN MARINO

エミリア・ロマーニャとマルケの州境にあるティターノ山（Titano, 739m）と周辺の山地・丘陵を国土とする。塔や城壁は中世都市国家の面影をそのまま残す。サンマリノ市は山頂に位置し、山と歴史地区はユネスコ世界遺産。伝説によると、石工だった聖マリーノが301年に建国した。皇帝や教皇、他国からの攻撃や弾圧を防ぎ、独立を守ってきた伝統と歴史がある。

由希がジャンニへのサプライズに持参したアニメ『ルパン三世』。サンマリノ
との関係は？　会話にはあのF1の英雄も登場します。

YUKI: Gianni, ti piacciono i cartoni animati[1] giapponesi, vero?

GIANNI: Sì, ho imparato il giapponese proprio guardando gli "anime"!

YUKI: Hai mai guardato *Lupin Terzo*?

GIANNI: Come no! È uno dei personaggi che adoro di più!

YUKI: Allora hai già visto l'ultima serie?　È ambientata a San Marino.

GIANNI: No, non sapevo della nuova serie. *Lupin Terzo* e San Marino?
È una combinazione decisamente interessante!

YUKI: Si vedrà! A proposito, San Marino non è propriamente[2] Italia,
giusto?

GIANNI: Beh, tecnicamente, la Repubblica di San Marino è uno Stato
indipendente. Si trova in Italia, tra l'Emilia-Romagna e le Marche.
È molto piccolo ma dentro ci sono torri, rocche[3], monti, tante belle
cose da vedere!

YUKI: Ma mi resta un dubbio.　Come mai uno Stato così piccolo non ha
mai ceduto[4] all'Italia o ad altri Stati?

GIANNI: Uhm... questa domanda per me è troppo difficile. Comunque,
da quanto ho imparato a scuola, San Marino, tutto sommato[5],
è riuscito a resistere alle minacce e proteggere più volte la sua
indipendenza. L'ha sempre mantenuta, avendo cura di avere
un buon rapporto con lo Stato
italiano. Ah! Sai che San Marino è
famoso per il Gran Premio di Formula
Uno? Conosci Ayrton Senna[6], il pilota
brasiliano ed eroe della Formula Uno?

Bandiera di San Marino

YUKI: Sì, l'ho sentito nominare. Ma ^{G3} mi pare che sia morto tanti anni fa.

GIANNI: Infatti. Senna è morto in un terribile incidente proprio al Gran Premio di San Marino....

YUKI: Che tragedia.... Questo non lo sapevo. Ma come può esistere un circuito di Formula Uno in un Paese così piccolo, tutto montagnoso? A me sembra impossibile!

GIANNI: Hai ragione! In realtà il Gran Premio di San Marino non si teneva proprio dentro San Marino, ma "sotto" di esso[7], nella città di Imola, in Emilia-Romagna. Senti, io non vedo l'ora di guardare *Lupin Terzo* a San Marino. Si può acquistare[8] il DVD?

YUKI: Guarda, eccolo qui! ^{G2} Mia madre me l'ha spedito dal Giappone! È la versione giapponese senza sottotitoli[9], ma tu non avrai problemi. Ora vediamolo insieme! Guarda! In questa serie Lupin ha una giacca azzurra, il colore italiano!

GIANNI: Eh no! ^{E2} Mi sa proprio che questo è il blu sammarinese!

---

1 cartoni animati: [男複]アニメ　**2** propriamente: 実は　**3** rocca: 城塞　**4** cedere: 降伏する　**5** tutto sommato: 結局は　**6** Ayrton Senna: アイルトン・セナ　**7** esso: それ（3人称単数の男性形の代名詞）
8 acquistare: 買う　**9** sottotitolo: 字幕

> **VERO o FALSO**

1 Gianni non ha mai guardato *Lupin Terzo*.　　　　　　　　　　　　(　　)

2 San Marino è una regione autonoma in Italia.　　　　　　　　　　(　　)

3 San Marino e Italia sono due Stati diversi.　　　　　　　　　　　(　　)

4 Il circuito di F1 di San Marino è situato su una montagna.　　　　(　　)

5 Ora Gianni e Yuki vanno a comprare il DVD di *Lupin Terzo* per vederlo insieme.

(　　)

6 Secondo Yuki, Gianni non avrà difficoltà a capire la storia dell'ultima serie di *Lupin Terzo*.　　　　　　　　　　　　　　　　　　　　　　(　　)

➡ **GRAMMATICA**

1　近過去の用法

完了を表します。già（もうすでに）がともに使われることが多いです。

> ***Hai già visto*** l'ultima serie?
> 君はもう最新のシリーズを見た？

> ＊他の用法に「経験」がある。(→ p.16)

2　近過去の用法 ── 直接補語・間接補語を伴う場合

近過去の助動詞が **avere** の時、その活用形が発音上すべて母音で始まるため、直接補語 **lo** と **la** は **l'** になります。間接補語は、現在形と同様に直接補語の前に位置し、形が変わります。

> Mia madre ***me l'ha spedito*** dal Giappone!
> 母が私にそれを日本から送ってくれたの！

> §　過去分詞は直接補語の性・数に一致して語尾変化する。この文では l' = lo = DVD。男性単数なので、過去分詞の語尾は -o のまま。

3　接続法過去の用法

主節の動詞は接続法現在と同じく、考え・推量・願望などを表します。節の中の動詞の行為・出来事が、主節の動詞より前。che の節の動詞が近過去において助動詞に essere をとる場合、〈**che ＋ essere の接続法現在 ＋ 過去分詞（語尾は主語に性数一致）**〉となります。(→ p.88)

> Mi pare che ***sia morto*** tanti anni fa.
> 私は、彼が何年も前に亡くなったように思う。

➡ **ESPRESSIONI**

1　da quanto ho imparato　「私が学んだところによると」

ほかに、**studiare, leggere, sentire** などさまざまな動詞が使えます。

> ***da quanto ho imparato*** a scuola, ...
> 僕が学校で学んだところによると……

2　Mi sa che〜　「〜のような気がする」

> ***Mi sa che*** questo è il blu sammarinese!
> 僕は、これはサンマリノ・ブルーだと思うよ！

1 例にならい、[　]に指示された動詞を用いて日本語に合うように文をつくりましょう。

例　君はもう先生にメールを書いた？［scrivere］

➡➡ Hai già scritto un'email al professore?

1　君たちはもうお母さんにプレゼントを郵送した？［mandare］

_____ per posta un regalo alla mamma?

2　あなたは私たちにもう書類を提出しましたか？［consegnare］

Lei ci _____ i documenti?

3　君はもうあの2冊の雑誌を僕に返してくれた？［restituire］

Mi _____ quelle due riviste?

2 例にならい、上の1の質問に対する答えを _____ に記入してつくりましょう。

例　Sì, gliel'ho già scritta ieri sera.　　　　　　　　　　*email は女性名詞。

1　Sì, _____ per il giorno del suo compleanno.

2　Certamente! _____ una settimana fa.

3　Come no! _____ !　Non te lo ricordi?

3 日本語に合うように、_____ に1語を入れて文をつくりましょう。本文に類似の表現があります。

1　フェラーリ・テスタロッサは私が最も好きな車のひとつだ。

La Ferrari Testarossa è _____ delle macchine che _____ di più.

2　この切手はサンマリノで発行されたように思う。

Mi pare che questo francobollo _____ uscito a San Marino.

3　『千と千尋の神隠し』は温泉施設を舞台にしている。

"La città incantata" è _____ in un complesso termale.

4 日本語にしましょう。

Da quanto ho letto su Internet, a San Marino c'è un tempio giapponese. Mi sa che è scintoista. Non vedo l'ora di vederlo.

由希：ジャンニ、あなたは日本のアニメが好きなのよね？

ジャンニ：そうだよ、僕はまさにアニメを見て日本語を覚えたんだ！

由希：『ルパン三世』は見たことがある？

ジャンニ：もちろん！ いちばん好きなキャラクターのひとりだよ！

由希：じゃあ最新シリーズは見た？ サンマリノが舞台よ。

ジャンニ：いや、新しいシリーズは知らなかったなぁ！ ルパン三世とサンマリノ
だって？ それは断然おもしろい取り合わせだね！

由希：おそらくね！ ところで、サンマリノって実のところはイタリアじゃないん
でしょう？

ジャンニ：そう、専門的にはサンマリノ共和国は独立国だ。イタリアの、エミリア・
ロマーニャ州とマルケ州の間に位置している。とても小さいんだけど、その中
には、塔とか城塞とか山とか、見るべき素敵なものがたくさんあるよ！

由希：でも、疑問がひとつあるんだけど。そんなに小さい国が、どうしてイタリ
アや他の国に降伏しないでいられたの？

ジャンニ：うーん、この質問は僕には難し過ぎるなぁ。とにかく僕が学校で習っ
たところでは、結局、サンマリノは脅威に耐えて一度ならずその独立を守り抜
くのに成功したということだよ。イタリアとも良好な関係を保てるように気を
遣いながら、ずっと独立を維持したんだ。そうだ、サンマリノはF1グランプリ
で有名なんだよ！ アイルトン・セナっていうブラジル人のレーサーでF1の英
雄、知ってる？

由希：ええ、名前は聞いたことがあるわ。でもずいぶん前に亡くなったと思うけど。

ジャンニ：そうなんだ。セナは、まさにサンマリノ・グランプリでの大事故で亡く
なったんだ。

由希：悲惨な話ね。それは知らなかったわ。でも、そんなに小さくて山がちな国に、
どうやってF1レースのサーキットなんて存在できるのかしら。とても無理だと
思うけど！

ジャンニ：その通りだよ。サンマリノ・グランプリは実際はサンマリノの中じゃな
くて、サンマリノのふもと、エミリア・ロマーニャのイーモラの町で開催され
ていたんだ。ねえ、僕はサンマリノの『ルパン三世』が見たくてたまらないな。
DVDは買えるのかなぁ。

由希：じゃーん、これを見て！ お母さんが日本から送ってくれたの。字幕なしの
日本語版だけど、大丈夫でしょ？ 今から一緒に見ましょうよ！ ほらね！ この
シリーズではルパンは青のジャケットを着てるのよ、イタリアンカラーの。

ジャンニ：違うよ、それを言うならサンマリノ・ブルーだと思うよ！

23 CITTÀ DEL VATICANO

ヴァティカン市国

サン・ピエトロ大聖堂

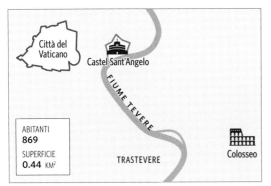

ABITANTI
869
SUPERFICIE
0.44 KM²

世界最小の独立国。ローマ市内にあり、国境検問所はなく出入国自由。ローマ教皇により統治される。1929年、教皇庁とムッソリーニ首相（Benito Mussolini）の間で交わされたラテラーノ条約により、独立国家として創設された。その際、それまでの教皇領は放棄された。教皇がサン・ピエトロ広場に面した宮殿の窓に姿を現して演説する際には、広場を埋めるほどの信者や観光客が集まる。

2019年、ローマ教皇は来日の際被爆地長崎を訪れました。ヴァティカンと長崎を結ぶ長い歴史と強い絆について読んでみましょう。

Nagasaki, 24 novembre 2019, ore 10 e 13. Papa Francesco è sceso dalla macchina sotto la pioggia. Proprio in questo luogo, il 9 agosto 1945, fu lanciata una bomba atomica. In questa occasione il Papa ha pronunciato un discorso[1] in spagnolo, la sua lingua madre. Il messaggio era determinato: abolire[2] totalmente le armi nucleari e stabilire la pace mondiale. Ma questo appello[3] non era l'unico scopo della sua visita a Nagasaki.

Nel 1549 il missionario[4] Francesco Saverio[5] introdusse per la prima volta il Cristianesimo in Giappone. All'inizio, la missione[6] procedeva senza problemi e la nuova religione cominciò presto ad avere una certa influenza in Giappone, [E1] sia sui grandi signori che sul popolo. Nagasaki, in particolare, era addirittura chiamata "la piccola Roma giapponese".

Nel 1582 l'ambasciata Tensho[7], una delegazione di quattro ragazzi giapponesi, organizzata dal capo-missionario in Giappone, fu inviata in Italia, alla Santa Sede. I ragazzi arrivarono in Europa dopo un duro e lungo viaggio e furono calorosamente accolti dal Papa. Successivamente i ragazzi ripartirono con la volontà di diffondere il Cristianesimo in Giappone, ma una volta in patria, le circostanze erano completamente cambiate: il Governo considerava il Cristianesimo un nemico e aveva proibito la fede e le missioni, ammazzando i missionari e i fedeli. Il Papa, sapendo di questa sfortuna scrisse ai fedeli giapponesi una lettera di incoraggiamento. Qualche anno dopo finalmente la lettera fu ricevuta e i fedeli, rimasti estremamente commossi, a loro volta <u>scrissero</u> una risposta al Papa per ringraziarlo e giurargli la loro fede.

La proibizione[8] del Cristianesimo in Giappone è durata più di 250 anni. Ma **G2** i credenti di Nagasaki, malgrado la loro situazione fosse particolarmente penosa, <u>scelsero</u> di nascondere la propria fede per conservarla e sopravvivere. Anche per questa ragione, nel 2018, "i siti cristiani nascosti della regione di Nagasaki" sono stati riconosciuti "Patrimonio dell'Umanità" dall'UNESCO.

Papa Francesco, durante la sua visita a Nagasaki, ha pregato per i 26 cristiani che furono crocifissi dal Governo nel 1597 e alla fine ha celebrato una Messa[9] allo Stadio provinciale, gremito[10] da trentamila credenti venuti da tutte le parti di Nagasaki.

---

1 discorso: スピーチ　2 abolire: 廃絶する　3 appello: 訴え、アピール　4 missionario: 宣教師
5 Francesco Saverio: フランシスコ・ザビエル　6 missione: 布教　7 ambasciata Tensho: 天正遣欧少年
使節　8 proibizione: 禁止、禁令　9 Messa: ミサ　10 gremito: いっぱいになった

⟩ VERO o FALSO ⟨

1　Papa Francesco ha fatto un discorso contro la guerra.　　　　　　(　)

2　Nel Cinquecento non c'era nessun collegamento tra il Giappone e il Vaticano.

(　)

3　L'ambasciata Tensho fu organizzata dalla Santa Sede.　　　(　)

4　I fedeli giapponesi non poterono leggere la lettera del Papa.　(　)

5　In Giappone, dopo la sua proibizione, il Cristianesimo si è spento per sempre.

(　)

6　Da tutta Nagasaki, tantissimi cristiani sono andati alla Messa celebrata
　dal Papa.　　　　　　　　　　　　　　　　　　　　　　　(　)

➡➡ GRAMMATICA

1 遠過去 ── 近過去との使い分け

遠過去が現在と隔絶した心理や状況を表すのに対し、近過去は、基本的には、なんらかの形で現在とのつながりが感じられる過去のことがらを表します。用法の違いは、「そのことがらが現在と心理的にかかわりがあるかどうか」という基準にもよるので、使い分けが筆者や話者の心理、文脈や状況によって変わる場合もあります。（→ p.82）

2 接続詞 ── 接続法を用いるもの

接続詞 **malgrado** ...「～にもかかわらず」に続く節の中の動詞には接続法を用います。次の場合、主節の過去時制（遠過去）に合わせて接続法半過去となります。

> I credenti di Nagasaki, ***malgrado*** la loro situazione ***fosse*** particolarmente penosa, scelsero di nascondere la propria fede.
>
> 長崎の信徒たちは、状況がきわめて過酷であるにもかかわらず、自らの信仰を隠すという選択をした。

* 接続法を用いる他の接続詞については次を参照。（→ p.100）

➡➡ ESPRESSIONI

1 sia ... che ～ 「…も～も」

前置詞が必要な場合には両方につけます。

> ***sia sui*** grandi signori ***che sul*** popolo
>
> 大名（の上）にも民衆（の上）にも

> *Cf.* ***Sia in*** estate ***che in*** inverno la temperatura sta aumentando.
>
> 夏も冬も、気温が上昇してきている。

▶ RUBRICA ◀

システィーナ礼拝堂の天井画は《アダムの創造 (*Creazione di Adamo*)》を初めとする《創世記物語 (*Storia della Genesi*)》、祭壇側には《最後の審判 (*Giudizio Universale*)》が描かれています。ミケランジェロはユリウス2世 (*Giulio II*) らの教皇の命を受け、心理的な葛藤と困難のすえ前者を1512年、後者を1541年に完成させました。

➡➡ ESERCIZI

1 本文では遠過去の動詞に下線を引いてあります。不定詞（原形）を書きましょう。

1 introdusse _____

2 furono _____

3 scrissero _____

4 scelsero _____

2 本文中の遠過去の動詞を近過去に書き換えましょう。

1 Fu lanciata una bomba atomica.

_____ una bomba atomica.

2 Una delegazione fu inviata in Italia, alla Santa Sede.

Una delegazione _____ in Italia, alla Santa Sede.

3 I ragazzi arrivarono in Europa e furono accolti dal Papa.

I ragazzi _____ in Europa e _____ accolti dal Papa.

3 日本語に合うように [ ] の単語をすべて使って並べ替え文をつくりましょう。1 と2は遠過去、3は現在にしましょう。

1 サン・ピエトロ大聖堂はベルニーニによって設計された。

[essere, Bernini, La Basilica di San Pietro, progettare, da]

_____

2 ミケランジェロもラファエロも、教皇のために制作した。

[Michelangelo, Raffaello, il Papa, sia, che, lavorare, per]

_____

3 教皇はイタリア語でもスペイン語でもスピーチをされる。

[sia, che, il Papa, i suoi discorsi, italiano, spagnolo, in, in, fare]

_____

4 _____ に **affinché** か **malgrado** を入れて意味の通る文にし、日本語にしましょう。

1 Le guardie svizzere fanno la guardia agli ingressi del Palazzo Apostolico

_____ il Papa possa essere sempre al sicuro.

_____

2 _____ il lavoro fosse estremamente duro, Michelangelo completò gli affreschi della Cappella Sistina.

_____

長崎、2019 年 11 月 24 日、10 時 13 分。雨の中、フランシスコ教皇が車か
ら降りた。まさにこの場所に、1945 年 8 月 9 日、原爆が投下されたのだ。
今回、教皇は自身の母国語であるスペイン語で演説を行なった。そのメッ
セージは決然たるものだった。核兵器を完全に廃絶し、世界平和を確立す
ること。だが、この訴えが、長崎訪問の唯一の目的というわけではなかった。

　1549 年、宣教師フランシスコ・ザビエルが初めて日本にキリスト教をも
たらした。初めのうち、布教は順調に進み、ほどなく新しい宗教は日本に
おいて大名にも民衆にもある種の影響を及ぼし始めた。特に、長崎は「日
本の小ローマ」と呼ばれていた。

　1582 年には、天正使節、すなわち日本の宣教師の長により組織された、
4 人の日本人少年から成る使節団が、イタリアの教皇庁に向けて派遣され
た。少年たちは、長く苦しい旅を経てヨーロッパにたどり着き、教皇に温
かく迎えられた。その後、少年たちは日本でキリスト教を広めるという意
志を抱いて帰国の途についたが、いざ帰国してみると、状況はすっかり変
わっていた。政権はキリスト教を敵視し、信仰と布教を禁止していて、宣
教師や信者を虐殺したのだった。教皇は、こうした苦境を知り、日本の信
者に宛てて激励の手紙を書いた。何年か経ってその書簡がようやく届き、
信者たちは大いに感動して、教皇に感謝し信仰を誓う返事を書いた。

　日本におけるキリスト教禁令は 250 年以上続いた。だが、長崎の信徒た
ちは、彼らを取り巻く状況がきわめて過酷であるにもかかわらず、信仰を
守り続けて生き延びるために、自らの信仰を隠すという選択をした。そ
うした事情も含めた理由により、「長崎地方の潜伏キリシタンに関連する
建築物」が、2018 年ユネスコの世界文化遺産に認定されたのである。

　フランシスコ教皇は、長崎訪問の間に、政権の命によって 1597 年礫刑に
処せられた「26 聖人」のために祈りを捧げた。そして最後に、県の至ると
ころからやって来た 3 万人の信者が詰めかけた県営球場で、ミサを執り行
なった。

24 ITALIA PARTE II

イタリアという国 2

RUBRICA

イタリアをルーツにもつ人は世界各地に暮らしています。一方、世界の各地をルーツ
にもちながらイタリア国籍をもつイタリア人も多数います。イタリア人選手の活躍が
記憶に新しい、2021年開催の東京オリンピック。陸上男子100メートル金メダリスト、
マルセル・ジェイコブス（Lamont Marcel Jacobs）はアメリカ・テキサス州生まれで父親
がアメリカ人。彼を含め、全選手384人は生まれた地が五大陸にわたっているそうで
す。また、すべての州から選手が参加したのも、五輪史上初めてとのことです。

映画『ライフ・イズ・ビューティフル』を観た日本の友人に、自国のユダヤ人の苦難の歴史を語り、歴史から学ぶ大切さを伝えます。

L'altro giorno ho chattato online con Masaya. [G1] Lui mi ha detto:
— Ho visto il film "La Vita è Bella". Sono rimasto commosso! — Poi
ha aggiunto: — Sapevo che in altri Paesi, come Germania, Polonia
o Ungheria, c'è stata questa tragedia, ma non sapevo che anche
in Italia è successa una cosa simile…. —Alla fine della chat, io ho
promesso di spiegargli per email la storia degli ebrei in Italia.

Ecco ciò che gli ho scritto.

Il binario[1] 21 della Stazione Centrale di Milano è un
luogo significativo per la memoria della "Shoah". "Shoah"
è il vocabolo ebraico che significa "Olocausto" e si usa
ancora oggi in tutto il mondo. Dal binario 21, ubicato[2] sotto
la stazione centrale di Milano, migliaia di ebrei furono
mandati ai campi di concentramento[3] di Auschwitz. Il
30 gennaio 1944, dal binario 21, vennero deportate[4]
circa 650 persone. Solo 21 (orrenda coincidenza[5]) sono
sopravvissute al "lager[6]", e tra queste c'era Liliana Segre,
attualmente senatrice a vita[7], che nel 1944 aveva appena
tredici anni.

A Venezia, in un sestiere[8] di Cannaregio, si trova il
Campo del Ghetto Novo. È una piazza tranquilla e un po'
appartata[9] dal chiasso turistico. In un angolo, sulle mura,
c'è una lapide[10] su cui è scritto: "La città di Venezia ricorda

gli ebrei veneziani che il 5 dicembre 1943 e il 17 agosto 1944 furono deportati nei campi di sterminio[11] nazisti. (...) [E1] Nulla cancellerà i vostri morti dalla nostra memoria, perché le nostre memorie sono la vostra unica tomba."

La Senatrice Segre ha spesso ribadito che è l'indifferenza ad avere davvero consentito l'Olocausto nazista. [E2] Nessuno di noi deve quindi esserne indifferente, perché l'Olocausto è indubbiamente una parte della storia di tutti gli esseri umani. Dobbiamo imparare dal passato e sempre dovremmo condividere con gli altri quello che impariamo.

Caro Masaya, [G2] ti consiglio di leggere i libri di Primo Levi[12]: "Se questo è un uomo" e "La tregua". C'è anche la traduzione giapponese di tutti e due!

---

1 binario: ホーム　2 ubicato: 位置している　3 campi di concentramento: 強制収容所　4 deportare: 強制連行する　5 coincidenza: 偶然の一致　6 lager: [独]ナチスの強制収容所　7 senatrice a vita: 終身上院議員　8 sestiere: 居住区　9 appartato: 離れた　10 lapide: 碑板　11 campi di sterminio: 大量虐殺収容所　12 Primo Levi (1919-1987): トリノ生まれのユダヤ人作家。自身の強制収容所での体験に基づく著作がある。

＞ VERO o FALSO ＜

1 Masaya non era a conoscenza dell'Olocausto. 　　　　　　　　　　(　)

2 "Shoah" è un vocabolo ebraico e oggi non si usa più. 　　　　　　(　)

3 Liliana Segre è una dei pochissimi sopravvissuti tra le persone mandate ad Auschwitz dal binario 21. 　　　　　　　　　　　　　　　(　)

4 A Venezia c'è un luogo che ci ricorda l'Olocausto. 　　　　　　　(　)

5 Secondo la Sen. Segre la gente comune non deve essere interessata agli eventi storici come l'Olocausto. 　　　　　　　　　　　　　(　)

6 Masaya avrà informazioni su alcuni libri da leggere. 　　　　　　(　)

➡ **GRAMMATICA**

1 直接話法と間接話法

直接話法は、引用符や「—」を用いて話者の話をそのまま叙述します。

> Lui mi ha detto: — Ho visto il film "La Vita è Bella". Sono rimasto commosso!
> 彼は僕に、「『ライフ・イズ・ビューティフル』の映画を観た。感動したよ！」と言った。

§ 間接話法は、話者の話の内容を従属節の中に取り込んで述べる。上記の直接話法の文は、次のようになる。

> Lui mi ha detto che ha visto il film "La Vita è Bella" e che è rimasto commosso.

Cf.「間接話法」の中での「条件法過去」

間接話法の従属節で「過去における未来」を表す時、条件法過去を用います。

> Mia sorella mi disse che *sarebbe tornata* presto.
> 姉は私に「すぐ戻るからね」と言った。

2 間接補語と［di + 不定詞］の併用

〈［人］に対して～するのを…する」〉。chiedere（頼む）、ordinare（命じる）、raccomandare（要請する、勧める）なども同じ用法です。

> *Ti* consiglio *di* leggere i libri di Primo Levi.
> 僕は君に、プリーモ・レーヴィの本を読むよう勧める。

➡ **ESPRESSIONI**

次の2つの不定代名詞は否定を表します。文頭に置かれると、**non** を文中に入れなくても否定の意味になります。

1 nulla　（文頭に置かれて）「何も～ない」

> *Nulla* cancellerà i vostri morti dalla nostra memoria.
> 何も、あなたがたの死者を私たちの記憶から消すことはない。

2 nessuno　（文頭に置かれて）「誰も～ない」

> *Nessuno* di noi deve esserne indifferente.
> 私たちのうち誰も、そのことに無関心であってはならない。

> *Cf. Non* sapevo *nulla* di quel documento.
> 私はあの書類のことは何も知らなかった。

> *Cf. Non* ho visto *nessuno* al parco.
> 私は公園で誰にも会わなかった。

➼ ESERCIZI

1 例にならい、直接話法の文を間接話法の文に書き換えましょう。

例 I miei genitori spesso mi dicono: "Sei poco attento".

➼ I miei genitori spesso mi dicono che sono poco attento.

1 Sergio mi dice: "tuo fratello esce con la mia ragazza."

2 Il professore dice agli studenti: "dovete leggere questo libro."

3 Gli invitati ci dicono: "la vostra casa è molto bella!"

2 例にならい、直接話法の文を間接話法の文に書き換えましょう。

例 La sua fidanzata gli disse: "Non ti amo più."

➼ La sua fidanzata gli disse che non lo amava più.

1 L'allenatore mi disse: "questa gara è importante per il tuo futuro."

2 Le bambine dissero: "Nostra nonna non è tornata ieri sera."

3 Suo padre gli disse: "Ti lascerò fare come vuoi."

3 例にならい、[　]に指示された動詞を使って文を書き換えましょう。

例 Il capitano disse ai suoi soldati: "Andate avanti!"　[ordinare]

➼ Il capitano ordinò ai suoi soldati di andare avanti.

1 Dissi al mio collega: "Prova questo software."　[consigliare]

2 Dissi a mia moglie: "Imbuca questa lettera, per favore."　[chiedere]

3 I nonni dissero ai suoi nipotini: "State buoni."　[raccomandare]

先日、雅也とネットでチャットをした。彼は、「『ライフ・イズ・ビューティフル』の映画を観た。感動したよ！」と話し、さらに言った。「ドイツやポーランドやハンガリーのような、他の国でこういう悲劇があったことは知ってるけど、イタリアでも同じようなことが起こったなんて知らなかった」。チャットの最後に僕は、イタリアのユダヤ人の歴史について説明を書いて、メールで送ると約束した。

　そして、彼に次のように書き送った。

　　ミラノ中央駅21番ホームは、「ショア」を忘れないよう記念する重要な場所だ。「ショア」は「ホロコースト」を意味するヘブライ語の言葉で、今日でも世界中で使われている。ミラノ中央駅の地下に位置する21番ホームから、何千人ものユダヤ系の人々がアウシュビッツの強制収容所に送られた。1944年1月30日には、21番ホームから約650人が強制連行されたのだ。ナチスの強制収容所で生き残ったのはわずか21人（この数字はおぞましい偶然の一致だ）。その中に、現在終身上院議員のリリアーナ・セグレがいた。1944年当時、ほんの13歳だ。

　　ヴェネツィアのカンナレージョ区に、ゲットー・ノーヴォ広場がある。観光客の喧騒から少し離れた静かな広場だ。その一角の壁に、次のように記した碑板がある。「ヴェネツィア市は、1943年12月5日および1944年8月17日、ヴェネツィア市民であるユダヤの人々がナチス大量虐殺収容所に強制連行されたことを記憶する。……何ものも、あなたがたの死者を私たちの記憶から消すことはない。なぜなら、私たちの記憶だけが、あなたがたのただひとつのお墓だから」

　　セグレ議員は、ナチスのホロコーストを許してしまったのは、実は無関心なのだと繰り返し強調した。だから、僕たちの誰も、無関心であってはいけないんだ。なぜなら、ホロコーストは疑いなく人類すべての歴史の一部なのだから。僕たちは過去から学ばないといけない。そして、学んだことを絶えず他者と共有しないといけないのだろう。

　　雅也、プリーモ・レーヴィの『これが人間か──アウシュビッツは終わらない』と『休戦』を読むよう君に勧めるよ。両作品とも、日本語の翻訳もあるんだよ！

Vero o Falso および Esercizi の解答と訳

1 ITALIA PARTE I

VERO o FALSO（p.9）

1 **V** マルコは奈々が卒論の準備をするのを喜んで助ける。
2 **F** マルコはイタリア人なので、イタリアについてすべて知っている。
3 **F** 奈々の卒業論文の主要なテーマは、イタリア政府の体制になるだろう。
4 **V** マルコはイタリアの紋章にある歯車の意味を知っていた。
5 **V** この会話をする前に、奈々は自分の質問の本当の意図をマルコに説明していなかった。
6 **V** 奈々は他のイタリア人の友人たちにもこれらの質問をするだろう。

ESERCIZI（p.11）

1 1 Mangia piano. ゆっくり食べなさい。
  2 Giochiamo insieme. 一緒に遊ぼう。
  3 Aprite la pagina trentuno. 31ページを開けてください。
  4 Firmi su questo foglio. この紙にサインしてください。

2 1 Vieni domani alle due. 明日2時に来なさい。
  2 Fai sport per la salute. または Fa' sport per la salute.
    健康のためにスポーツをしなさい。
  3 Vai subito da tua nonna. または Va' subito da tua nonna.
    すぐにおばあちゃんの所に行きなさい。
  4 Dimmi la verità. 私に本当のことを言いなさい。

3 1 Ragazzi, dovete fare i compiti subito!
  2 Posso provare queste scarpe?
  3 Quei bambini non sanno nuotare.
  4 Sai guidare molto bene! — Sì, un giorno voglio comprare una bella macchina.

4 1 イタリア半島はブーツの形をしている。
  2 イタリアはひとつの国家ではあっても、そのそれぞれの州は互いにかなり異なっている。

2 VALLE D'AOSTA

VERO o FALSO（p.15）

1 **F** ミケーレはクールマイユールで生まれ育った。
2 **F** クールマイユールでは、スキーや登山をしないならばまったく楽しくない。
3 **F** 一般的に、ヴァッレ・ダオスタの人々はフランス語のみ話す。
4 **F** ミケーレは登山が上手だが、モンブランには登ったことがない。
5 **V** ヴァルテル・ボナッティはアオスタの出身でもクールマイユールの出身でもない。
6 **V** ミケーレは、両親の仕事の価値と苦労をよく理解している。

ESERCIZI（p.17）

1 1 Non ho mai mangiato formaggio italiano.
  2 Maria, sei mai stata a Kyoto?
  3 Avete mai visto una partita di calcio allo stadio?

2 1 Quando aveva tre anni, Michele si è trasferito con la sua famiglia.
     2 Quando Giulia era piccola, quel gatto è arrivato a casa sua.
     3 Quando era giovane, una volta mia madre è stata in India.

3 1 Leggi questa rivista?   — No, non la leggo.
        「君はこの雑誌を読む？」「いや、読まない」

     2 Vedi spesso Anna e Marta?   — Sì, le vedo ogni giorno.
        「君はよくアンナとマルタに会う？」「うん、毎日会うよ」

     3 Signora Costa, Lei conosce i miei genitori?   — Certo, li conosco benissimo! Siamo amici.
        「コスタさん、私の両親をご存じなのですか？」「ええ、とてもよく知っていますよ。私たち、友人なんです」

4 皆さんは「友情の器」って聞いたことがあるかな？　ヴァッレ・ダオスタを象徴する、木製の入れ物なんだ。形が特徴的で、飲み口が６つあるんだよ！　友人たちがそれを手から手へと回してコーヒーを飲む。僕たちは、伝統的に友情を特に大切にするんだ！

3 PIEMONTE

VERO o FALSO （p.21）

1 **V** 世界中にユヴェントゥスを愛する人がいる。
2 **F** ユヴェントゥスは２度イタリアチャンピオンになった。
3 **F** ユーヴェの最も優秀な選手たちは、常に外国人だった。
4 **V** この文の筆者がファンであるチームはトリノである。
5 **V** グランデ・トリノの選手たちは、飛行機事故で命を奪われた。
6 **F** この文の筆者は70歳である。

ESERCIZI （p.23）

1 1 Mi piacciono i gatti.   — A me no.
     2 Non mi piace molto camminare.   — A me sì!
     3 Ai miei figli piace giocare a baseball.   — Anche ai miei figli.
     4 Mi piacciono gli animali. A voi?   — A me sì, ma a mia sorella no.

2 1 Ora andrei a casa.
     2 Abiterei da solo e sarei indipendente.
     3 Con questo caldo non mi metterei un vestito pesante.

3 1 バルベーラはピエモンテで最も愛されているワインのひとつである。
     2 セストリエーレはイタリアで最も人気のあるスキー場のひとつだ。

4 LIGURIA

VERO o FALSO （p.27）

1 **V** モランディ橋の事故の動画は、準備されず撮影された。
2 **F** テレビニュースの女性キャスターは、橋の崩落の映像を見て「ああ、神様！」と叫んだ。
3 **F** モランディ橋が崩落するであろうことは皆わかっていた。
4 **F** 古い橋に使われた原材料は完璧だった。
5 **F** 新しい橋は、古い橋の残骸の上に造設された。

6　**V**　ジェノヴァの建築家レンツォ・ピアーノが新しい橋を設計した。

Esercizi （p.29）

1　1　La guerra continuò <u>uccidendo</u> innumerevoli persone.
　　2　Come si <u>può accettare</u> una proposta così ingiusta?
　　3　<u>Era chiaro che</u> i calcoli non venivano fatti correttamente.

2　1　Chi vuole lavorare all'estero deve ottenere il visto.
　　2　Quel romanzo è stato scritto da una scrittrice russa.
　　3　Quel piatto mi è familiare perché lo mangio spesso.

3　1　ジェノヴァはコロンブス* の生まれた地として知られている。

*イタリア名はクリストーフォロ・コロンボ。

　　2　リグーリア州には、世界中からの観光客をひきつける多くの町が海岸沿いにある。
　　3　サン・レモでは、毎年イタリアで最も有名な歌の祭典が開催される。

5　LOMBARDIA

VERO o FALSO （p.33）

1　**V**　ミラノには、典型的なゴシック様式の建築物がある。すなわちミラノのドゥオーモである。
2　**F**　ルイーザは、階段を使ってミラノのドゥオーモのてっぺんに上った。
3　**V**　はじめは、ルイーザは「垂直の森」の話にあまり納得していなかった。
4　**F**　「垂直の森」はとても背の高い2本の木から成っている。
5　**V**　「垂直の森」の中に住んでいる人は、騒音や町の汚れた空気から守られている。
6　**V**　最終的にルイーザはとても喜んで「垂直の森」に行くことに決めた。

Esercizi （p.35）

1　1　È possibile che ancora oggi ci <u>siano</u> dei Paesi così poveri?
　　2　Questo risotto alla milanese è buonissimo. <u>Mangiamolo!</u>
　　3　<u>Dovreste</u> ringraziare i vostri genitori.
　　4　Rita, <u>ti sei goduta</u> il <u>bel</u> panorama? — Sì, ho visto tanti <u>bei</u> palazzi e grattacieli.

2　1　Montalbano* non è un agente qualsiasi.

*Andrea Camilleri の小説の主人公。テレビドラマでも人気が高い。

　　2　I bambini non vedono l'ora di giocare fuori.
　　3　Ho bisogno di quella sciarpa. Me la restituisci?

3　1　レオナルド・ダ・ヴィンチの《最後の晩餐》を見るには予約が必要だ。
　　2　ロンバルディーア州ではパスタより米、オイルよりバターが多く消費される。

6　TRENTINO-ALTO ADIGE

VERO o FALSO （p.39）

1　**F**　レンツォにとって、トレンティーノ＝アルト・アディジェに移住する決心をすることは、どちらかと言うと簡単だった。
2　**F**　オーストリアは、シュトゥルーデルが有名な唯一の場所である。
3　**V**　トレンティーノ＝アルト・アディジェは歴史的にオーストリアと密接な関係にある。
4　**V**　ボルツァーノではイタリア語とドイツ語が話されている。

5　**F**　あやかはトレンティーノ＝アルト・アディジェに到着したばかりである。

6　**V**　あやかは「ズマカファム」の意味を知らなかった。

ESERCIZI（p.41）

1　1　Credevo che tu fossi austriaca.

　　2　Vorrei che voi foste più gentili con mio fratello.

　　3　È comodo andarci sia con la macchina che con i mezzi pubblici.

2　1　Ti è piaciuto questo piatto?

　　2　Stasera* non ho molta voglia di studiare.　　*stasera は文末でも可。

　　3　Cosa hai comprato di bello?

　　4　Quante sigarette fumi al giorno?　— Ne fumo una ventina.

3　1　メラーノに温泉があるなんて私は想像もしていなかった。

　　2　観光客は、ボルツァーノのクリスマスマーケットがこんなに楽しいと期待していなかった。

7　VENETO

VERO o FALSO（p.45）

1　**V**　2019 年の秋、ヴェネツィアは高潮の被害に遭った。

2　**F**　2020 年のカーニヴァルは、COVID-19 のため遅れて始まった。

3　**V**　医者の仮面の鼻は、鳥のくちばしのようである。

4　**F**　カーニヴァルの中止まで、観客の間にはパンデミックに対する不安はまったくなかった。

5　**F**　2020 年のカーニヴァルは、まさに最終日に中止となった。

6　**F**　2021 年のカーニヴァルは、COVID にかかわらず開催された。

ESERCIZI（p.47）

1　1　Tanti malati sono stati curati dalla dottoressa Vitali.
　　　　多くの病人がヴィターリ医師によって治療された。

　　2　Quell'uomo è stato arrestato dai poliziotti per un furto.
　　　　その男は窃盗で警察官らに逮捕された。

　　3　Tutti i Ministri sono stati chiamati dal Primo Ministro.
　　　　すべての閣僚が、総理大臣によって招集された。

2　1　A mezzogiorno avevamo già pranzato.

　　2　L'anno scorso gli studenti stranieri erano già venuti in Giappone.

3　1　(B)　政府は、もうすぐ財政事情が良くなるだろうと国民に示さないといけない。

　　2　(A)　将来を心配している市民がおおぜいいる。

　　3　(A)　家を失った市民たちが救助された。

8　FRIULI-VENEZIA GIULIA

VERO o FALSO（p.51）

1　**F**　サン・ダニエーレはパルマの会社である。

2　**F**　聡はトリエステの歴史を学ぶのを心待ちにしている。

3　**V**　1918 年までトリエステはイタリア国家に属していなかった。

154

4　**V**　ONU は "国際連合" の略称である。

5　**F**　1954年、トリエステはついにその県のすべても含めてイタリアに戻った。

6　**V**　聡も直美もイリーというメーカーを知っていた。

Esercizi （p.53）

1　例　「君はルイージによく会うの？」「うん、バールでよく会うよ」
➡️　「君は昨日ルイージに会った？」「うん、バールで会ったよ」

  1　Prendi la medicina per il mal di testa?　— Sì, la prendo ogni tanto.
「君は頭痛薬を飲む？」「うん、時々飲むよ」

➡️　Ieri hai preso la medicina per il mal di testa?　— Sì, l'ho presa.
「君は昨日頭痛薬を飲んだ？」「うん、飲んだよ」

  2　Ragazzi, leggete il giornale?　— Sì, lo leggiamo ogni giorno!
「君たち、新聞を読みますか？」「はい、毎日読みます！」

➡️　Ragazzi, ieri avete letto il giornale?　— Sì, l'abbiamo letto.
「君たち、昨日新聞を読みましたか？」「はい、読みました」

  3　Vedi la fidanzata di Franco?　— No, a scuola non la vedo.
「君はフランコの婚約者を見かける？」「いや、学校では見ない」

➡️　Ieri hai visto la fidanzata di Franco?　— No, a scuola non l'ho vista.
「昨日君はフランコの婚約者を見かけた？」「いや、学校では見なかった」

2　例　イタリア人は陽気だと言われている。

  1　Si dice che oggi i bambini non giochino all'aperto.
今の子どもたちは屋外で遊ばないと言われている。

  2　Si dice che molti anziani abbiano qualche problema fisico.
多くの高齢者は何らかの体のトラブルを持っていると言われている。

  3　Si dice che gli ingegneri stiano organizzando un nuovo progetto.
技術者たちは新しいプロジェクトを計画中だと言われている。

3　1　Non credevo che nel Friuli-Venezia Giulia ci fossero tanti vini famosi.
フリウリ＝ヴェネツィア・ジュリア州に有名なワインがたくさんあるとは私は思っていなかった。

  2　Non pensavo che ci fosse l'influenza della cultura dei Longobardi.
ランゴバルド人の文化の影響があるとは私は考えていなかった。

  3　Non immaginavo che a Trieste si potesse godere di tanti caffè eleganti e tradizionali.
トリエステで数多くのおしゃれで伝統的なカフェが楽しめるとは私は想像していなかった。

9　EMILIA-ROMAGNA

VERO o FALSO （p.57）

1　**V**　父親は、イタリアに親戚がいることが嬉しい。

2　**F**　マリーアは母親とイタリアにヴァカンスに行くが、父親は日本に残る予定だ。

3　**F**　父親は、妻と知り合ったラヴェンナにマリーアを連れて行きたいと思っている。

4　**F**　マリーアは、文化の勉強をするためリミニに行きたいと主張している。

5　**V**　父親は、マリーアが母親抜きで友だちと海に行くにはまだ幼すぎると思っている。

6　**V**　マリーアの両親は、知り合った時成人年齢だった。

1　1　Domani andrete in ufficio?　— Sì, ci andremo.
　　　　「明日君たちは会社に行くの?」「うん、行くつもりだよ」

　　　2　Sei mai stata in Italia?　— Sì, ci sono stata una volta.
　　　　「君はイタリアに行ったことがある?」「ええ、一度あるわ」

　　　3　Lei è mai stato a Bologna?　— No, non ci sono mai stato.
　　　　「あなたはボローニャにいらしたことはありますか?」「いいえ、一度もないんです」

2　1　C'è una scatola in cui la nonna conservava i suoi gioielli.
　　　　祖母が自分の宝石を保管していた箱がある。

　　　2　Mio marito non capisce la ragione per cui mi arrabbio con lui.
　　　　夫は私が彼に怒っている理由がわからない。

　　　3　Abbiamo degli amici con cui a volte ceniamo insieme.
　　　　私たちには時々一緒に夕食をとる友人たちがいる。

　　　4　Questo è il foglio su cui l'artista ha lasciato la bozza.
　　　　これは、その芸術家がデッサンを描き残した紙だ。

3　1　Qui si lavora fino a tardi.　ここでは遅くまで働く。

　　　2　In questo paese si vive tranquillamente.　この町ではみんな平穏に暮らしている。

　　　3　In Emilia-Romagna si mangia molto bene.　エミリア・ロマーニャは食事がおいしい。

4　ボローニャには世界で最も長く延びたアーケードがあり、それは35キロもの長さだ!　雨や
　　日差し、交通に妨げられず町を散歩するのに具合が良く、楽しい。

10　TOSCANA

1　**F**　学生たちはルーカの質問に答えられるだけの能力がなかった。
2　**F**　圭が謝った時、ルーカは怒った。
3　**F**　ルーカは、学生たちがイタリア文学について知らないと思っている。
4　**V**　ダンテの他にも、有名なフィレンツェの文学者たちがいる。
5　**V**　圭は、イタリアの古典文学がさほど好きではない。
6　**F**　ダンテの肖像は、ウフィーツィ美術館の前にしかない。

1　1　「君はどこで私たちを待ってくれるの?」
　　　　— Vi aspetto alla stazione.「駅で君たちを待っているよ」

　　　2　「君たちは私をここで待っていてくれる?」
　　　　— Sì, ma ti aspettiamo fino alle due.「うん、でも僕たちは2時までしか君を待たないよ」

　　　3　「私にコーヒーをおごってくれるの?」
　　　　— Sì, ti offro un bel caffè!「うん、とてもおいしいコーヒーをおごるよ!」

　　　4　「グイード、どうしたんだ、私たちに何か言いたいのかい?」
　　　　— Papà, Mamma, vorrei farvi una domanda.「パパ、ママ、ひとつ質問があるんだけど」

2　1　Di che cosa stanno parlando quei bambini?

　　　2　Maria mi ha detto che ha lavorato tutto il giorno.

　　　3　Sapete che cosa è il Palio?*　　　*「パリオ」はシエナの伝統行事。カンポ広場で競馬が行われる。

3 1 Riguardo alle specialità, è famosa la bistecca alla fiorentina.

2 In Toscana ci sono tante belle città. Ne conosci qualcuna?

3 Non sapevamo che "Vinci" è il nome di un paese vicino a Firenze.

11 UMBRIA

VERO o FALSO (p.69)

1 **V** ウンブリアには世界に向けて開かれた気質を備えた都市がある。

2 **V** ペルージャ外国人大学は、外国人対象の学校の中で最も長い伝統をもつ。

3 **F** ウンブリアの町々には車がなければ行くことができない。

4 **F** アッシジは精神的な都市であり、有名な芸術作品はない。

5 **F** 1986年のアッシジでの会合には、仏教を除くすべての主要な宗教者が参加した。

6 **F** 宗教の信者たちはみんな世界平和を願っているので、彼らの間で戦いが起こることは決してない。

ESERCIZI (p.71)

1 1 Il direttore a volte potrà sembrare troppo severo.

2 Potremo sembrare molto allegri.

3 Gli studenti giapponesi, all'inizio, potranno sembrare un po' timidi.

2 1 È necessario che il cibo e l'acqua arrivino a tutti.
食料と水が全員に届くことが必要だ。

2 È significativo che vengano rispettate tutte le idee.
すべての考えが尊重されることは意義深い。

3 È impossibile che loro si accorgano di noi.
彼らが我々に気づくことは不可能だ。

3 オルヴィエートのドゥオーモはイタリアで最も美しい教会のひとつである。内部には、15世紀の偉大な巨匠ルーカ・シニョレッリによって描かれた有名なフレスコ画がある。彼の作品は非常に革新的だったので、ミケランジェロにも影響を与えた。

12 MARCHE

VERO o FALSO (p.75)

1 **F** ペーザロには海がない。

2 **F** この人物はフェスティバルを企画している。

3 **V** 『ウィリアム・テル』の前奏曲は、速いテンポのメロディーを含んでいる。

4 **V** この人物はルネサンスの芸術家である。

5 **F** キリスト教徒以外では、誰も彼の宗教画を評価しない。

6 **F** 《アテネの学堂》はウルビーノにある。

ESERCIZI (p.77)

1 [A] ② Rossini   [B] ③ Raffaello

2 例 この道具は使われない。

1 Nelle Marche si parla anche il dialetto?   マルケでは方言も話されますか？

2　Si puliscono con l'alcol tutti i tavoli.　すべてのテーブルがアルコールで拭かれる。

3　Si cita spesso questo episodio.　このエピソードはよく引用される。

3　例　私はきっとあなたたちがこの曲を聴いたことがあると思う。

1　Credo che mia sorella abbia usato il mio computer.
私はきっと妹が私のコンピューターを使ったのだと思う。

2　Mia madre pensa che abbiamo mangiato il dolce.
お母さんは私たちがそのお菓子を食べたのだと思っている。

3　Si dice che i bambini dei vicini abbiano aperto la porta.
近所の子供たちがその扉を開けたのだと言われている。

4　1　2016年、マルケ州は大きな地震の被害に遭った。
2　被災地の住民はいまだに通常の生活を取り戻せていないと懸念される。

13　LAZIO

VERO o FALSO （p.81）

1　**V**　カピトリーノの雌オオカミのオリジナルは博物館にある。
2　**V**　伝説では、ロムルスはローマの創設者と言われている。
3　**F**　ローマには、そのてっぺんに象が載っているオベリスクがある。
4　**V**　ローマ帝国の時代、多くのエジプトのオベリスクがローマに持ち込まれた。
5　**F**　象のオベリスクは、ローマにある唯一のベルニーニの作品である。
6　**F**　トリトンと蜂が施された噴水は、『蜂の噴水』という名称である。

ESERCIZI （p.83）

1　1　essere　　2　occuparsi　　3　fondare　　4　essere　　5　durare　　6　progettare

2　1　Ho un amico i cui genitori hanno un vigneto a Frascati.
私には、両親がフラスカーティにブドウ畑を持っている友だちがいる。

2　A Tivoli c'è una villa la cui fontana è molto famosa.
ティヴォリには、その噴水がとても有名な別荘がある。

3　1　A Cinecittà si producono tanti bei film.
チネチッタでは多くの素敵な映画が制作されている。

2　Si usa la salvia per il saltimbocca alla romana*.
サルティンボッカ・アッラ・ロマーナにはセージが使われる。

*子牛の肉に生ハムとセージをのせて焼いた料理。

3　Si costruirono sia il Pantheon che il Colosseo per mostrare la forza degli Imperatori Romani.
パンテオンもコロッセオも、ローマ皇帝の力を示すため建設された。

14　ABRUZZO

VERO o FALSO （p.87）

1　**V**　中部イタリアではスキーが楽しめる。
2　**F**　このホテルはグラン・サッソの頂上に建っている。
3　**V**　カンポ・インペラトーレは国立公園の中にある。

4 **F** アブルッツォ・カモシカは永久に姿を消してしまった。
5 **F** 浅田さんはアッロスティチーニが好きではないので、今夜それを食べない。
6 **V** ペスカーラで浅田さんは、水が冷たいにもかかわらず海水浴をするつもりだ。

1 1 Domani mattina non vorrei alzarmi così presto.
　　2 Ragazzi, dovete mettervi la mascherina!
　　3 Stasera possiamo sentirci?

2 1 Spero che ti sia divertita molto al mare.
　　 君が海でとても楽しんだことを私は望んでいる。

　　2 Penso che gli animali siano aumentati nel parco nazionale.
　　 国立公園では動物が増えたと思う。

　　3 Temo che siano stati molto gravi i danni del terremoto nel 2009*.
　　 2009年の地震の被害はとても大きかったのではないかと心配している。

*アブルッツォ州では2009年に大きな地震があった。

3 1 Non lo tocchi!　　2 Non la critichi!　　3 Non li senta!

15 MOLISE

1 **F** レオはモリーゼに行こうという伯母の提案をすぐに受け入れる。
2 **V** 伯母はレオが毎日新聞を読んでいるとは信じていなかった。
3 **V** リストにはイタリアの3つの場所がランクインしている。
4 **F** レオはモリーゼの名産品には興味がない。
5 **F** ロバート・デ・ニーロは以前からずっとカンポバッソの近くに住んでいる。
6 **V** 最終的にはレオは伯母に感謝する。

1 1 Franco, che cosa stai guardando?
　　 フランコ、何を見てるの？
　　2 Ragazzi, che cosa state facendo? Venite qui!
　　 君たち、何しているんだ？　こっちに来なさい！
　　3 I camerieri stanno pulendo i tavoli.
　　 ウェイターたちはテーブルを拭いているところだ。

2 1 Aspettando il treno, leggo le email.
　　 私は電車を待ちながらメールを読む。

　　2 Seguendo le indicazioni, lo troverai facilmente.
　　 標識に従っていけば、それは簡単に見つかるよ。

　　3 Essendo sua madre, la signora starà dalla parte del figlio.
　　 その女性は彼の母親だから、息子の味方をするだろう。

3 1 Parli italiano.　　イタリア語で話してください。
　　2 Ascolti.　　聞いてください。
　　3 Si prepari.　　準備してください。
　　4 Mi dica.　　私におっしゃってください。

5 Non mi abbracci.　　私を抱きしめないでください。

4 1 Campobasso è la città più grande del Molise.
カンポバッソはモリーゼ州で最も大きい都市だ。

2 Le pecore sono gli animali più allevati del Molise.
モリーゼ州では羊は最も多く飼育されている動物だ。

3 La produzione di formaggio è una delle industrie più sviluppate.
チーズの生産は最も発展している産業のひとつである。

16　Campania

VERO o FALSO (p.99)

1　**F**　残念ながら、今日トトの人気はもう過ぎ去ってしまった。
2　**F**　トトは、よく貴族の役を演じたので「爆笑王子」と呼ばれていた。
3　**V**　トトは喜劇映画だけでなくシリアスな映画にも出演した。
4　**F**　目が見えなくなってしまったので、トトは俳優をやめた。
5　**V**　トトは富を享受したが、貧しい人々のことを忘れてはいなかった。
6　**V**　ローマでもナポリでも、トトのファンは彼の葬儀に参列することができた。

Esercizi (p.101)

1 1 ha perso　2 è stato　3 ha continuato　4 è morto　5 è arrivata　6 sono stati

2 1 La squadra nazionale italiana viene chiamata "gli Azzurri".
2 Sebbene fosse arrivato in ritardo, Luigi non ha chiesto scusa.
3 Nonostante mi conoscesse bene, lui ha fatto finta di non conoscermi.

3 1 A causa del riscaldamento globale, il clima sta cambiando.
2 Siamo costretti a spendere meno.
3 Baggio è il migliore dei calciatori del suo tempo.

4 1 多くの人々がヴェズヴィオ山の噴火のために死んだ。
2 カンパニア州は、アマルフィやソレントのレモンが使われているリモンチェッロという
お酒で有名である。

17　Puglia

VERO o FALSO (p.105)

1　**F**　シュヴァーベンのフェデリーコ2世は1700年代に生きた。
2　**V**　フェデリーコ2世は南イタリアと密接な関係がある。
3　**V**　神聖ローマ帝国は、ドイツの領土も含んでいた。
4　**F**　中世、パレルモは文明の進んでいない都市だった。
5　**F**　フェデリーコ2世は教皇と友好的な関係にあった。
6　**F**　フェデリーコ2世の時代、イタリアでは戦争がなかった。

Esercizi (p.107)

1 1 Il paesino dove è morto Federico II si chiama Fiorentino di Puglia.
フェデリーコ2世が亡くなった村は、フィオレンティーノ・ディ・プーリアという名前である。

2　Federico II è morto in un paesino che si chiama Fiorentino di Puglia.
フェデリーコ2世は、フィオレンティーノ・ディ・プーリアという名の村で亡くなった。

3　Lavoro in una ditta che ha tanti impiegati stranieri.
私はたくさんの外国人社員がいる会社で働いている。

4　Lavoro in un ristorante dove vengono tanti turisti.
私はたくさんの観光客が来るレストランで働いている。

2　1　Se avessi più tempo libero, (④ andrei in palestra regolarmente.)
もし自由な時間がもっとあれば、私は定期的にジムに行けるのに。

2　Se fossi in te, (② non crederei a quello che dice lui.)
もし私が君の立場なら、彼の言うことは信じないだろう。

3　Se fossimo più giovani, (① ricominceremmo a fare affari.)
もし私たちがもっと若ければ、事業を再開するでしょうけど。

4　Se potessero andare all'estero, (③ sicuramente gli studenti imparerebbero molto.)
もし学生たちが外国に行けるなら、確実に多くの事を学ぶのだが。

3　トゥルッリは、プーリア州南部のアルベロベッロ独特の、石灰石でできた住居である。
その建造技術は先史時代にさかのぼる。それゆえコンクリートは使われていない。

*なお、現在は、安全のためコンクリートも一定程度使用されている。

18　BASILICATA

VERO o FALSO （p.111）

1　**F**　「天使の飛翔」ではプラスチック製の翼を身につける。
2　**F**　この「飛翔」は公共交通機関である。
3　**V**　ピエトラペルトーザの村からも出発できる。
4　**F**　カステルメッツァーノには自然の他に興味深いものはない。
5　**V**　ルカーニア・ドロミーティはトレンティーノ＝アルト・アディジェ州のドロミーティから
名前をとっている。
6　**F**　最も怖がりな人たちも喜んで「天使の飛翔」を試みる。

ESERCIZI （p.113）

1　1　Questo è il negozio di cui ti parlo sempre.　　　　*sempre は ti parlo の前でも可。
2　La politica non è un argomento di cui parliamo spesso.　*spesso は parliamo の前でも可。
3　L'educazione è il supporto di cui hanno bisogno subito.

2　1　Marcello è il compagno di scuola con cui ho giocato insieme.
マルチェッロは僕が一緒に遊んだ級友だ。

2　Questo è il bosco in cui abitano vari tipi di animali selvaggi.
これは、さまざまな種類の野生動物が住んでいる森だ。

3　Il sig. Conti è il collega a cui chiedo spesso i consigli.
コンティさんは、私がたびたびアドバイスを求める同僚だ。

3　1　Un museo è un luogo che visito volentieri.
博物館は、私が喜んで訪れる場所だ。

2　Come si chiama il signore a cui devi restituire i soldi?
君がお金を返さないといけない男の人は何という名前ですか？

3　La Basilicata è ideale per coloro che vorranno godersi la natura.
　　バジリカータ州は自然を楽しみたい人たちにとっては理想的だ。

19　CALABRIA

VERO o FALSO（p.117）

1　**V**　友也の両親はタマネギを栽培している。
2　**F**　友也は他の職業に興味があるので、タマネギ栽培はしたくない。
3　**F**　友也は調理師学校でタマネギのことを勉強するためトロペーアに来た。
4　**F**　今夜、友也は夕食でマルチェッラがつくったパニーノとブルスケッタを食べるだろう。
5　**V**　はじめは、マルチェッラは友也が浜辺を汚すのではないかと心配していた。
6　**F**　マルチェッラは、友也のために喜んで料理するが、彼が自分のレシピを習うのは望まない。

ESERCIZI（p.119）

1　1　È una bellissima giornata!　— Ci sarà tanta gente sulla spiaggia.
　　　　「とても天気のいい気持ちの良い日だね！」「ビーチにはたくさんの人がいるだろうね」

　　2　Come stanno i tuoi nonni?　— Staranno bene, ma non li sento da tanto tempo.
　　　　「お祖父さんお祖母さんはお元気？」「元気にしているだろうけど、長い間声を聞いて
　　　　ないんだ」

　　3　È già l'una e mezza.　— I miei figli avranno fame. Non sapranno prepararsi da mangiare.
　　　　「もう1時半だ」「うちの子どもたちはきっとおなかをすかせてるわ。何か食事の用意をする
　　　　なんてできないだろうから」

2　1　Non vedo l'ora di assaggiare quel vino.
　　2　Sai che si vede la Sicilia da Reggio Calabria?
　　3　Che ne dici di un piatto con il peperoncino calabrese?

3　1　Il capoluogo della Calabria è Catanzaro, ma Reggio Calabria sarà forse più conosciuta.
　　　　カラーブリアの州都はカタンザーロだが、おそらくレッジョ・カラーブリアの方が知られて
　　　　いるだろう。

　　2　Chi ha scoperto i bronzi di Riace* dovrà certamente essere rimasto stupito.
　　　　リアーチェのブロンズ像を発見した人は、きっと驚いたに違いない。

　　　　　　　　　　　　　　＊1972年、リアーチェで古代ギリシア時代の有名なブロンズ像2体が発見
　　　　　　　　　　　　　　された。現在、レッジョ・カラーブリア考古学博物館収蔵。

20　SICILIA

VERO o FALSO（p.123）

1　**F**　ファルコーネが殺害された時、彼を警護するボディガードたちはいなかった。
2　**F**　ボルセッリーノはファルコーネよりも前に殺された。
3　**V**　ニーノはピッツァ専門レストラン「ファルコーネ＆ボルセッリーノ」のことを批判した。
4　**F**　ニーノは、イタリアの歴史を知らないという理由で涼子に対し怒った。
5　**V**　パレルモは、アラブ文化とノルマン文化との調和を表現している。
6　**V**　タオルミーナに比べ、トラーパニはパレルモに近い。

1 1 Quando avranno finito la missione, i diplomatici partiranno.
2 Domani mattina tutte le risposte saranno arrivate.
3 Quando il mese prossimo mi laureerò, avrò letto più di cento libri.

2 1 Conoscendola profondamente, la Sicilia ti piacerà sempre più.
シチリアを深く知れば、君はますます好きになるだろう。

2 Assaggiandone un po', capirete la qualità dei vini siciliani.
少し飲んでみれば、皆さんはシチリアワインの品質がわかりますよ。

3 Trovandosi vicino al Nord-Africa, il clima della Sicilia certamente somiglia a quello africano.
北アフリカに近いので、シチリアの気候は確かにアフリカの気候に似ている。

21 SARDEGNA

VERO o FALSO（p.129）

1 **F** サルデーニャで唯一の魅力は、未開の地が持つ美しさである。
2 **V** サルデーニャは、再生可能エネルギーに関してリーダーになり得る。
3 **V** サルデーニャの潜在能力は、太陽、水、風といった自然に基づいている。
4 **V** 脱炭素を行なえば、空気はよりきれいになる。
5 **F** サルデーニャにおいて電力エネルギーは個人の交通手段には使われないだろう。
6 **F** サルデーニャの住民は、電化の利点を享受できないだろう。

EsERCIZI（p.131）

1 1 I cuochi sardi sarebbero bravi a cucinare il pesce.
2 I pescatori sardi conoscerebbero ogni angolo del Mediterraneo.
3 Mia moglie non mostrerebbe interesse per questo buon montone sardo. È vegetariana!

2 1 Se sapessi guidare, farei un giro con la macchina di tutta l'isola.
もし運転ができたら、私は島じゅうをドライブするんだけどなぁ。

2 Se veniste da noi, vi porteremmo al parco archeologico.
君たちが私たちの家に来るなら、考古学公園に連れていってあげるのだが。

3 Se ne avessero voglia, loro comprerebbero una villa in Sardegna.
彼らはその気になればサルデーニャに別荘を買うだろう。

3 「イタリア本土からサルデーニャにはどうやって行けるの？」
「ローマからフェリーが出ていると思う。たぶんジェノヴァからもあるんじゃないかな」

22 REPUBBLICA DI SAN MARINO

VERO o FALSO（p.135）

1 **F** ジャンニは『ルパン三世』を見たことがない。
2 **F** サンマリノはイタリアの自治州である。
3 **V** サンマリノとイタリアは、2つの異なる国である。
4 **F** サンマリノのF1レースサーキットは山の上にある。
5 **F** ジャンニと由希は今から『ルパン三世』のDVDを一緒に見るためそれを買いに行く。
6 **V** 由希の考えでは、ジャンニが『ルパン三世』の最新シリーズの話を理解するのは難しくない。

ESERCIZI（p.137）

1 1 Avete già mandato per posta un regalo alla mamma?
　2 Lei ci ha già consegnato i documenti?
　3 Mi hai già restituito quelle due riviste?

2 例 はい、昨夜もう書きました。

　1 Sì, gliel'abbiamo già mandato per il giorno del suo compleanno.
　　ええ、母の誕生日のためもう送りました。

　2 Certamente! Ve li ho già consegnati una settimana fa.
　　もちろんです！1週間前に、もうあなたたちに提出しました。

　3 Come no! Te le ho già restituite! Non te lo ricordi?
　　もちろん！ もう返したじゃないか！ 覚えてないの？

3 1 La Ferrari Testarossa è una delle macchine che adoro di più.
　2 Mi pare che quel francobollo sia uscito a San Marino.
　3 "La città incantata" è ambientata in un complesso termale.

4 ネットで読んだところによると、サンマリノには日本のお寺がある。どうやら神社らしい。
　見てみたくてたまらない。

23 CITTÀ DEL VATICANO

VERO o FALSO（p.141）

1 **V** フランシスコ教皇は、戦争に反対する演説を行なった。
2 **F** 1500年代、日本とヴァティカンとの間にはどんな交流もなかった。
3 **F** 天正使節は教皇庁によって企画された。
4 **F** 日本の信者たちは、教皇の手紙を読むことができなかった。
5 **F** 日本では、禁止令以降キリスト教は永久に消滅した。
6 **V** 長崎じゅうから、非常に多くの信者が教皇の執りおこなったミサに行った。

ESERCIZI（p.143）

1 1 introdurre 　2 essere 　3 scrivere 　4 scegliere

2 1 È stata lanciata una bomba atomica.
　　原爆が投下された。

　2 Una delegazione è stata inviata in Italia, alla Santa Sede.
　　使節団がイタリアの教皇庁に向けて派遣された。

　3 I ragazzi sono arrivati in Europa e sono stati accolti dal Papa.
　　少年たちはヨーロッパに到着し、教皇に迎えられた。

3 1 La Basilica di San Pietro fu progettata da Bernini.
　2 Sia Michelangelo che Raffaello lavorarono per il Papa.
　3 Il Papa fa i suoi discorsi sia in italiano che in spagnolo.

4 1 Le guardie svizzere fanno la guardia agli ingressi del Palazzo Apostolico affinché il Papa
　　possa essere sempre al sicuro.
　　スイス人衛兵は、教皇が常に安全にいられるように教皇庁宮殿の玄関で警護をしている。

2 Malgrado il lavoro fosse estremamente duro, Michelangelo completò gli affreschi della Cappella Sistina.
ミケランジェロは、作業がきわめて過酷だったにもかかわらず、システィーナ礼拝堂のフレスコ画を完成させた。

24 ITALIA PARTE II

VERO o FALSO （p.147）

1 **F** 雅也はホロコーストについて何の知識ももっていない。
2 **F** 「ショア」はヘブライ語の言葉で、今日はもう使われていない。
3 **V** リリアーナ・セグレは、21番ホームからアウシュビッツに送られた人たちのうちの、ごくわずかな生還者のひとりである。
4 **V** ヴェネツィアには、我々にホロコーストを記憶させる場所がある。
5 **F** セグレ議員によると、一般の人々はホロコーストのような歴史的な出来事には興味をもたなくてもよい。
6 **V** 雅也は読むべき本について情報を得るだろう。

ESERCIZI （p.149）

1 例 両親はよく私に「おまえは注意が足りない」と言う。

　1 セルジョが僕に「おまえの弟が俺の恋人とデートしている」と言う。
　　Sergio mi dice che mio fratello esce con la sua ragazza.
　2 先生は学生たちに「君たちはこの本を読まないといけない」と言う。
　　Il professore dice agli studenti che devono leggere quel libro.
　3 招待客は私たちに「君たちの家はとても素敵だ」と言ってくれる。
　　Gli invitati ci dicono che la nostra casa è molto bella.

2 例 彼の婚約者は彼に「もうあなたを愛してないの」と言った。

　1 コーチは私に「この競技会は君の将来にとって重要だ」と言った。
　　L'allenatore mi disse che quella gara era importante per il mio futuro.
　2 子どもたちは「おばあちゃんは昨夜帰ってこなかった」と言った。
　　Le bambine dissero che la loro nonna non era tornata la sera prima.
　3 彼の父親は彼に「おまえの好きなようにさせてやる」と言った。
　　Suo padre gli disse che gli avrebbe lasciato fare come voleva.

3 例 隊長は部下の兵士たちに「進め！」と言った。

　1 私は同僚に「このソフトウェアを試してごらん」と言った。
　　Consigliai al mio collega di provare quel software.
　2 私は妻に「この手紙を投函してくれ」と言った。
　　Chiesi a mia moglie di imbucare quella lettera.
　3 祖父母は孫たちに「おとなしくするんだよ」と言った。
　　I nonni raccomandarono ai suoi nipotini di stare buoni.

Grammatica 文法項目索引

Postfazione

L'Italia è costituita da venti regioni e ciascuna di esse offre una irresistibile opportunità per conoscere, studiare e approfondire cultura, geografia, storia e società di questo affascinante Paese.

In questo libro abbiamo voluto celebrare l'unicità delle regioni d'Italia attraverso articoli originali, conversazioni variegate e informazioni aggiornate, per studiare la lingua italiana in maniera dinamica e divertente, completa e naturale.

Sarà un vero e proprio viaggio nella lingua e nelle culture regionali. Da Nord a Sud, dal Trentino alla Sicilia, impareremo nuovi vocaboli, conosceremo nuovi luoghi e persone, e miglioreremo la capacità di leggere in lingua originale.

Desideriamo ringraziare di cuore il prof. Akihiko Inoue, per le sue preziose correzioni e i costanti suggerimenti; la designer Ayako Hosono, per l'elegante progetto grafico; la signora Kazumi Kanke per il suo impagabile supporto al progetto editoriale e la casa editrice Hakusuisha, per aver sostenuto questo libro fino alla sua pubblicazione.

Un ringraziamento particolare desideriamo esprimerlo a tutte le lettrici e i lettori, sperando di aver fornito loro un testo ampio e utile, che possa essere di ausilio e riferimento allo studio anche per il futuro.

Gli autori

著者略歴

堂浦 律子（どううら りつこ）
京都外国語大学ほか講師。著書に『イタリア語文法徹底マスター』（駿
河台出版社）、『Eメールのイタリア語』（共著／白水社）、『イタリア語
文法3段階式徹底ドリル［増補改訂版］』（白水社）、『会話と作文に役
立つイタリア語定型表現365』（共著／三修社）。

アレッサンドロ・マヴィリオ（Alessandro Mavilio）
ナポリ東洋大学哲学部東洋文化学科卒業。京都造形芸術大学、京都産業
大学ほか元講師。

イタリア語で読む ITALIA

2022 年 11 月 5 日　第 1 刷発行
2023 年 5 月 25 日　第 2 刷発行

著　者 © 堂　浦　律　子
アレッサンドロ・マヴィリオ
発行者　岩　堀　雅　己
印刷所　壮栄企画株式会社

発行所　〒101-0052 東京都千代田区神田小川町 3 の 24
電話 03-3291-7811（営業部）, 7821（編集部）　株式会社白水社
www.hakusuisha.co.jp
乱丁・落丁本は送料小社負担にてお取り替えいたします。

振替　00190–5–33228　　　　　Printed in Japan　　加瀬製本

ISBN978-4-560-08951-4

学習辞典の決定版！

プリーモ伊和辞典 ◎和伊付◎

秋山余思 監修
高田和文／白崎容子／岡田由美子／秋山美津子／
マリーサ・ディ・ルッソ／カルラ・フォルミサーノ 編

イタリア語学習辞典の決定版，待望の刊行！【語数】伊和 33000 ＋和伊 8000 【発音表記】カタカナ＋発音記号（重要語）◎見やすいランク別 2 色刷◎全見出しカナ発音付，アクセントをゴチック表示◎重要動詞には現在形を表示 ◎重要語には英語併記 ◎固有名詞も豊富に収録
2 色刷／B6 変型／1487 頁【シングルCD付】

堂浦律子 著

イタリア語文法 3 段階式徹底ドリル

［増補改訂版］

「文法力が着実につく！」と定評のあるドリルがさらにパワーアップしました．イタリア語を習得する近道は「系統立てて学ぶこと」そして「文を構成する要素に注意すること」．この 2 つのポイントをおさえながら，簡潔明瞭な文法解説と 3 段階に設定された問題で，正確な文法力を身につけましょう．増補改訂版では，巻末に「自己評価式実力テスト」と「単語リスト」を設け，体得した文法知識と単語力を確認できるようにしました．イタリア語検定対策にも有効です． A5 判／217 頁

長神 悟 著

イタリア語の ABC [改訂版]

初級参考書の定番，信頼のロングセラーをリニューアル．
日本で一番長く売れ続けているイタリア語参考書が，よ
りわかりやすく，練習問題も豊富になりました．文法が
しっかり身につきます． (2色刷) A5判／273頁【CD付】

森田 学 著

イタリア語のルール

基本文法総まとめ

イタリア語の世界を満喫するためのルールブック．手の
ひらサイズでいつでもどこでも文法の規則や仕組みを確
認できる便利な一冊． B6判／145頁

森田 学 著

イタリア語のドリル

基礎力養成問題集

イタリア語の仕組みを身につけるためのトレーニング
ブック．手のひらサイズでいつでもどこでも基本を確認
できる実践的な一冊． B6判／131頁

竹下 ルッジェリ・アンナ，秋山美野 著

よく使う
イタリア語の慣用句1100

イタリア語は慣用句が豊富．使いこなせれば，一歩進ん
だ会話や読解に役立ちます．由来の解説や実践的な例文
で紹介．日本語索引付き． 四六判／200頁